業務用商品

日清 スーパーロング

独自のSL製法※により、フライ時の酸価の上昇を抑え、長く使えて経済的なフライ油です。

- **SL製法で酸価の上昇を抑える**
- **泡立ちが少ない**
- **汚れが少ない**

※「SL製法」：Super Long製法の略で、フライ時の酸価の上昇を抑制する製法。（特許 第5274592号）

キャノーラ あっさり油っこくない

大豆&キャノーラ コクとうまみ

16.5kg缶

16.5kg缶

日清オイリオグループ株式会社　○ホームページアドレス http://www.nisshin-oillio.com

鍋には、よろこびがつまっている。

それは、こころ満たされる「おいしさ」
家族や仲間と会話がはずむ「たのしさ」
大切な人への思いやりが生み出す「健康」

鍋から広がる沢山の笑顔で、
わたしたちの生活をもっと豊かに。

さぁ、「鍋活」しよう。

いつでも新鮮 しぼりたて 生(なま)しょうゆ

鮮やかな色
さらりとしたうまみ
おだやかな香り
加熱で際立つ香ばしさ

「いつでも新鮮 しぼりたて 生しょうゆ」は

火入れ（加熱処理）をしていない
しぼりたての「生」のしょうゆ。
酸化を防ぐ密封ボトルが
フレッシュな味わいをキープします。

おいしい記憶をつくりたい。

【お問い合わせ】キッコーマンお客様相談センター
0120-120358（月～金 9:00～17:00 祝日を除く）　生しょうゆ　検索

彩り豊か、楽しいおいしさ。

にんじん、ほうれん草など5種類の具材が入った彩り豊かなたまごやき。赤や緑の目にも楽しい鮮やかさは給食やお弁当にもぴったり。さまざまな献立にお使いいただけるよう8カットと10カットの2種類のサイズをご用意しました。

8カット　　10カット

www.kewpie.co.jp/prouse

キユーピー株式会社

元気で活力のある生活をサポート！

1日分の野菜350g分使用。栄養がきっちり摂れる！

管理栄養士推奨 ※1

※1:評価方法:管理栄養士におけるアンケート調査/2017年3月 アンケート回答者:全国医療機関267施設/管理栄養士各1名　質問:野菜や栄養が不足している方に「1日分の野菜」を紹介したいと思いますか？ 評価商品:1日分の野菜 紙200ml 調査機関:株式会社ファンデリー調べ

※空容器の散乱防止・リサイクルにご協力ください。

ゆたかな食文化のコーディネーターとして
さわやかな集団を目指します

私たちはお約束します
- 安心・安全な食品をお届けします
- 価値ある情報をタイムリーに提供します
- 多様化する食生活のニーズにお応えします
- 食品の「美味・安全・簡便」を提案します
- 企業理念とコンプライアンスを重視し、「いい会社創り」を目指します

ウルノ商事株式会社　水戸本店

関東圏5社によるPBブランド

I.F.A.
International
Food-distribution
Association

北関東一円をカバーできるネットワークの展開

■北関東支店

■埼玉支店

■つくば支店

■東関東支店

業務用食材の総合商社

ウルノ商事株式会社

水戸本店	TEL 029-304-2555 (代)	FAX 029-304-2030
つくば支店	TEL 029-842-2001 (代)	FAX 029-842-2008
北関東支店	TEL 0296-28-8020 (代)	FAX 0296-28-8022
東関東支店	TEL 0476-91-2525 (代)	FAX 0476-92-2200
埼玉支店	TEL 0480-78-1321 (代)	FAX 0480-78-1322

http://www.uruno.co.jp/

音声ピッキングシステム導入でより充実！

《安全と安心》を迅速にお客様のもとへ。

大京食品総合物流センターの最新設備と物流システム

お客様への品質・温度・衛生の管理等「安全・安心」を実現するためには、物流（ロジスティックス）は業界にとって重要な経営のテーマのひとつ。
大京食品総合物流センターは、安全性・効率性に優れた設備、システム環境、きめ細かなサービスでお客様のニーズに的確にお応えします。

受注から納品までのスムーズな流通システムが大京食品の特徴です。海外及び国内各地から入荷した多種多様な商品群は、すべて物流センターの最新コンピュータ・システムにインプットされ、瞬時にピッキング、配送できる体制で昨今の物流チャンネルの変革に即応したローコストサービスをめざしています。

冷凍食品ピッキング作業場

冷凍商品は、最新設備の垂直で、冷凍庫（マイナス25℃）の自動ラックの品別棚番に入庫。ピッキング作業は定温冷蔵庫（1℃）で『安全・正確・迅速』に音声ピッキングシステムを使った作業システムになっています。

皆様のお役に立つ、豊富なアイテムと食の安全性・物流の衛生的作業環境等、ユーザーに的確にお応えする、多機能型本社・最新物流センター。

安定した管理システムと多彩な機能を備える本社

■ 大京の4つのポイント

- 情報・サービス等お客様に提案型営業を推進しています。
- 企画室にてメニューの提案・試作・商品の開発をしています。
- 品質衛生管理体制の物流センター配送システムは万全です。
- 商品アイテムが豊富です。

たべもの市場 ザ・築地

フードビジネスのパートナー 大歓迎／当社に製品を売りたい方、買いたい方、当社で働いてみたい方

ひろがる食文化をリードする。

業務用食材のパイオニア
大京食品株式会社
代表取締役社長　窪田洋司

本　　社／〒104-0033 東京都中央区新川1-9-4
　　　　　TEL　03（3206）9211（代）
　　　　　FAX　03（3206）6946

横浜営業所／〒221-0022 横浜市神奈川区守屋町1-1-4
　　　　　TEL　045（451）5521
　　　　　FAX　045（451）5287

http://www.daikyo-shokuhin.co.jp

3ステップ+ONEで約10分!!
グリーストラップ清掃用品シリーズ

Asahi KASEI 旭化成ホームプロダクツ

HACCPの強い味方

臭いがキツい、手間と時間がかかる、かがむ掃除はカラダにつらい…。目立たない作業ながら、決して欠かせない日常のグリーストラップ清掃。従来30分費やしていたあのきつい作業が約3分の1に短縮!「時間」「労力」「コスト」を大幅にカットできるのが、グリーストラップ清掃用品シリーズです。

ステップ1
グリーストラップ・バスケット用水切りネット
グリストネット®
バスケットに流れてくるゴミをしっかりキャッチ!

ステップ2
グリーストラップ用油吸着シート
グリースクリーン
グリーストラップに溜まった油が、浮かべておくだけでラクラクとれる!

ステップ3
グリーストラップ・清掃道具
すくいん棒®
底に沈んでいるヘドロを隅ずみまでスイスイすくえる!

くさい 汚い きつい グリスト清掃の悩みを解決!

3ステップ清掃後に +ONE
グリーストラップ周辺の空間消臭剤
グリスト清®（キヨシ）
グリーストラップから漂う複合臭を素早く消臭

ひどい汚れも
↓
スッキリします!

※1 各ステップ個別商品でもお使いいただけます。 ※2 都内和風居酒屋（席数/100席、グリーストラップ容量/200ℓ）の例

使って実感! 「グリースクリーン&グリストネット®」無料サンプルをお届けします!
●ご応募先／(株)トップス内「グリーストラップ」資料請求Q係 FAX 03-3526-6426
いただきました個人情報はサンプルや資料の発送及び弊社からの商品情報やセミナーのご案内をさせていただく時にのみ使用し、お客様の同意なしに業務委託先以外の第三者に開示、提供いたしません（法令等により開示を求められた場合を除く）。

業務用 商品サイト 役立つ情報満載!

旭化成 業務用 グリスト 🔍

お問い合わせ先 旭化成ホームプロダクツ株式会社
〒100-0006 東京都千代田区有楽町1-1-2 日比谷三井タワー TEL.03-6699-3430
https://www.asahi-kasei.co.jp/saran
〒530-8205 大阪市北区中之島3-3-23 中之島ダイビル TEL.06-7636-3993
®は登録商標を示します。

厨房の人手不足対策は、厨房機器の自動化補助で生産性向上が必至です!

集団給食は人手不足の深刻な業種
HACCP制度化が進むなか、ニュークックチルシステムの時代到来です

大量調理後の盛り付け工程では、二次汚染の危険性が残ります。
自製外製のチルド食品を盛付後に再加熱し衛生的に提供するので、生産性も向上しHACCP制度化にも対応します。

RYシリーズ 電気スチームコンベクションオーブン

希望の仕上がりを設定する事で自動的に調理を行います

自動調理機能を搭載!

液晶タッチパネル & ジョグダイヤル　特許登録済

見やすく扱いやすいホーム画面から、多彩な機能をスムーズに呼び出せます。
スマホタッチでハンバーグ・カレー・シチュー・ピザ・焼魚等、幅広く料理します。

新機能 特許登録済
- 自動調理機能　自動調理モード&メニュープログラムモード
- 画像表示機能
- 調理時間自動補正機能

USBポート搭載

▶ YouTubeをご覧ください。
ニチワRYシリーズ [検索]

野菜チップなども出来ます。

SCOS-101RY-R
次世代スタンダードタイプ

リヒートウォーマーキャビネット

再加熱時間自動補正で
人気の麺類にも対応　特許登録済

朝・昼・晩の料理はこれで安心
- 朝食は、前夜の夕食準備の後にスタンバイ。
- 夜は、冷蔵、早朝自動再加熱、そして保温。

人手不足対策に!
再加熱専用の美味しい
食材もご紹介致します

スチコンと同様に適度なスチームと軟らかな温風により加温しますので、ご飯、目玉焼き、焼き魚の仕上がりをホカホカに美味しく仕上げます。

[食　器] 耐熱であれば日常食器でOK!
[庫　内] スチコン同様に水洗いができ、衛生面も安心です。

USBポート搭載

リヒートウォーマーキャビネット RHW-720

全国の、医療福祉・デイサービス・集団給食の100以上の現場に納入実績と、HACCPに準拠した豊富なレシピもあり安心です。

両展示会に出展します!

メディケアフーズ展2019	第47回 国際ホテルレストランショー
[会期] 2019年1月23日(水)～24日(木)　[会場] 東京ビッグサイト・西4ホールG-60	[会期] 2019年2月19日(火)～22日(金)　[会場] 東京ビッグサイト・東展示棟

ニチワ電機 コンサル部では、農林水産省の薦めるHACCP高度化基準認定施設、第一号認定にはじまり合計12施設の認証取得の設計コンサルティング実績があります。ご質問等お気軽にお問い合わせください。

HACCP&新調理法の厨房システムメーカー
ニチワ電機株式会社
http://www.nichiwadenki.co.jp/

全国共通フリーコール　ニチワコール
0120-218506
東京本社 ☎(03)5645-8751(代)　兵庫本社 ☎(079)568-0581(代)

支店：東京／大阪／名古屋　営業所：札幌／盛岡／仙台／埼玉／千葉／横浜／新潟／金沢／長野／静岡／三重／京都／神戸／和歌山／岡山／広島／山口／高松／松山／福岡／熊本／鹿児島
東京・大阪・名古屋・札幌・盛岡・仙台・千葉・金沢・広島・福岡・鹿児島地区にて、オール電化テストキッチンを完備しております。上記フリーコールへお問い合わせ下さい。

- 新規顧客獲得の目玉サービス
- 継続利用の営業ツール
- 集計代行作業の自動化
- 顧客囲い込み

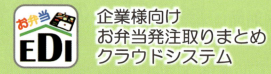

企業様向け
お弁当発注取りまとめ
クラウドシステム

お弁当たのみませんか〜？

既存のインターネット回線・パソコンを活かした導入が可能！
給与システムと連携する事で、給与天引き処理が可能！

集中端末型

個人WEB注文型

手間と時間のかかる
集計の代行作業を
自動化しませんか？

システムでできる事

- 毎日の注文数の自動集計と注文書発行
- 各給与パッケージとの連携
- 集金チェック・お弁当受取り確認機能
- 派遣会社への請求書発行
- クレジットカード利用可能

システム導入で変わる事

- 注文間違いがなくなる
- 日々の集計業務や月末の処理の業務短縮
- 個人での注文・支払ができる ※
- 社外からの注文も可能 ※

※ 個人WEB注文版をご利用の場合

驚きの高機能で
注文担当者様の手間を大幅に削減！

**他社と差をつけるサービスとして
取扱い業者様が増えています!!**

お弁当の注文管理だけでなく
社員レストラン食事予約管理、
全寮宿舎食数管理システムとしても
ご利用になれます。

株式会社 エコーシステム
https://www.echosystem.co.jp

価格・資料請求・デモンストレーション・販売代理店
に関するお問い合わせ先

名古屋市中区栄2-13-1 名古屋パークプレイス4F
TEL:052-220-2883 担当:田島・畑仲

最良の素材を最高の食品に。

信頼の証しが語り継がれる…
デンマーク産ポーク

世界最大の豚肉輸出国として知られるデンマーク。豊かな自然環境。世代から世代へと継承される優れた養豚技術。そして豚の飼育環境から、豚肉の出荷まで一連の工程が手に取るようにわかる管理体制。それらが高い安全性と高品質を誇る豚肉をつくり出しているのです。いわば、デンマーク・クオリティ。DANISHマークのつけられたその豚肉と、私たち日東ベストの出会いは1980年代。もう30年以上にも及びます。より安全、安心な食材を食卓にと願う日東ベストにとって、デンマークポークはもはや不可欠なもの。これからも私たちは、さまざまなメニューでデンマーク・クオリティをお届けします。

※このマークは、良質なデンマーク産豚肉を原料とした製品に表示されています。

日東ベスト株式会社

本　　社　〒991-8610 山形県寒河江市幸町4-27　電話0237 (86) 2100
営業本部　〒274-8585 千葉県船橋市習志野4-7-1　電話047 (477) 2110
日東ベストホームページアドレス　http://www.nittobest.co.jp/

（一社）日本スポーツ栄養協会協力
アスリートとスポーツ愛好家のためのレシピ
レシピ監修：鈴木志保子（一社）日本スポーツ栄養協会 理事長

（一社）日本スポーツ栄養協会レシピによせて
　（鈴木志保子理事長）……………………… 20
レシピの使い方 ……………………………… 23
協会案内 ……………………………………… 129
レシピ執筆者のご紹介 ……………………… 130

スポーツ栄養界のカリスマと競技指導者が語る
パフォーマンスを栄養でマネジメントする！
"勝つためのカラダづくり"とは？ ………… 136
撮影を終えて ………………………………… 134

通常練習期のレシピ

通常練習期に食べたい食事 —必要な栄養素のとり方と工夫— …… P26
食欲増進！きのこご飯と鶏の梅照り焼きの献立 ……………… P28
食欲アップ！豚キムチ献立 ……………………………………… P30
チーズ味の鮭のムニエルと小松菜とハムのソテーの献立 …… P32
鉄分豊富！ハンバーグとアサリと野菜の炒め物献立 ………… P34
鶏むね肉の塩こうじチキン南蛮の献立 ………………………… P36
旨辛スタミナ丼とさっぱり生姜サラダの献立 ………………… P38
ご飯がすすむ！牛肉のマーマレード煮の献立 ………………… P40
鶏肉のゆずこしょう炒めとねばねばサラダの献立 …………… P42
サワラのマスタード焼きとじゃがいもコンソメ煮の献立 …… P44
ピリ辛が食欲をそそる！ごま坦々牛丼献立 …………………… P46
ご飯がすすむ！照り焼きつくねと含め煮の献立 ……………… P48
きゅうりと豚ひき肉のみそ炒め献立 …………………………… P50
鶏肉の唐揚げとサバ缶のみそ汁の献立 ………………………… P52
ご飯がすすむ！スパイシーポークとサラダの献立 …………… P54
郷土料理の瓦そばと大根餅の献立 ……………………………… P56
ブリとレンコンの甘みそ炒めとコロコロサラダの献立 ……… P58
おもしろ食感！唐揚げとじゃこ奴の献立 ……………………… P60
豚肉たっぷり！ラーメンサラダの献立 ………………………… P62
白身魚のアーモンド焼きとレモン酢サラダの献立 …………… P64
とんかつとサバ缶の炊き込みご飯の献立 ……………………… P66

試合期のレシピ

**試合期に食べたい食事と選びたい食材
—糖質を増やす食事の工夫と気を付けたいこと—** ……………… P70
じゃが入りチンジャオロースの中華献立 ……………………… P72
チキンのラタトゥイユ添えと春雨ポトフの献立 ……………… P74
ゆで豚とパプリカの甘酢ソースとほうれん草ポタージュの献立 … P76
鶏肉とブロッコリーのオーブン焼きと豆乳茶碗蒸しの献立 … P78
豚肉のにんにくみそ丼と甘酒ドレッシングサラダ …………… P80
チキンステーキと海老とブロッコリー炒めの献立 …………… P82
炭水化物を効率よく摂取！肉うどんとミルク汁粉の献立 …… P84
食欲増進！チゲ煮と肉みそチョレギ風サラダの献立 ………… P86
試合前に炭水化物補給！アジの香草パン粉焼の献立 ………… P88
豚ヒレ肉のソテーとビタミン豊富なマリネとスープの献立 … P90

増量期のレシピ

増量したい時に食べたい食事
―エネルギーアップの３つのポイント― ……………… P94
牛肉と舞茸の芋煮風 ……………………………… P95
鮭と白菜のミルフィーユ ………………………… P96
鶏手羽とじゃがいもの甘辛煮 …………………… P97
とろとろチーズのポークピカタ ………………… P98
サバのごま竜田揚げ ……………………………… P99
鶏のタルタル焼き ………………………………… P100
豚骨煮 ……………………………………………… P101
ダブルトマトでチキンのさっと煮 ……………… P102
白菜と豚肉の米粉シチュー ……………………… P103
キヌア入り煮込みハンバーグ …………………… P104

減量期のレシピ

減量したい時に食べたい食事
―エネルギーを抑える６つのポイントと調理法のコツ― ……… P106
大根の鶏肉巻き甘酢あん ………………………… P107
豚と梅の炒め物 …………………………………… P108
牛肉レタス包みあんかけ ………………………… P109
牛肉とトマト炒め ………………………………… P110
白身魚のオレンジソース ………………………… P111
塩麻婆豆腐 ………………………………………… P112
豚の塩こうじレモン焼き ………………………… P113
鮭のヨーグルトタルタルソース ………………… P114
鶏むね肉のプルコギ風 …………………………… P115
メカジキの香味炒め ……………………………… P116

補食のレシピ

状況に応じてうまく取り入れよう！おすすめの補食 ……… P118
米粉の豆乳ブラマンジェ ………………………… P119
クリームチーズインサンド ……………………… P120
かぼちゃのおやき ………………………………… P122
ズッキーニとチーズのおやき …………………… P122
小松菜とキウイのグリーンスムージー ………… P124
ブルーベリーとバナナのヨーグルトスムージー … P124
リンゴとにんじんのオレンジスムージー ……… P124
カラフルにんじんおにぎり ……………………… P126
キヌア入りさつまいもおにぎり ………………… P126
枝豆・塩昆布・チーズおにぎり ………………… P126
なめたけコーンおにぎり ………………………… P126
バナナとプルーンの米粉蒸しパン ……………… P128

MENU IDEA 2019年度版 増刊号

特集Ⅰ
2020年に向けた全国各地のムーブメント

・内閣官房東京オリンピック・パラリンピック推進本部事務局に聞く
  2020年に向けて盛り上がりをみせる
  全国各地の日本の食発信の取組み
  ～GAP食材を取り入れた食事提供、
  ホストタウンにおけるイベントなど～…………………………… 148

・東京2020ゴールドパートナー㈱明治、
  全国各地で「meiji Tokyo 2020 Fes」開催
  はじける笑顔、育て、からだ、育て、こころ……………… 156

特集Ⅱ
メーカーが提案するアスリートや運動好きな方々への食品・メニュー提案

・筋肉（マッスル）の運動に着目したアスリート向け食品
  マッスル麺® ミックス粉（MS02）吉原食糧㈱………………… 160

・㈱SEE THE SUNの「ZEN MEAT」が話題沸騰！
  高タンパクで低脂質！減量に取り組むアスリートに最適!!…… 162

・積極的な身体づくりを応援する冷凍惣菜セット
  ㈱ニチレイフーズの「気くばり御膳®パワーデリ®」は、
  たんぱく質を中心に体力や筋力維持に威力を発揮！………… 164

・甘酸っぱいさわやかな香り 赤しそドリンク「YUKARI™」は
  運動好きな方々にもピッタリ！三島食品㈱………………………… 166

・外食・中食・給食に健康で美味しさをお届け
  誰でも楽しく喫食できる各分野の新商品紹介　日東ベスト㈱………… 168

・運動する身体にもフィット「からだにやさしいシリーズ」は
  健康に配慮した冷凍ゆで麺 シマダヤ㈱から2品のご紹介………………… 170

・心と体を整える味噌は、日本が誇るアスリートフード！
  食育指導部・みそソムリエ　小山明子　みそ健康づくり委員会…………… 172

・HPの大リニューアル作戦を実施！学校栄養職員・栄養教諭にお役立ちできる情報満載で
  全会員にもメリットある会へ発展　学校給食用食品メーカー協会…………… 174

・文科大臣と農水大臣との対談で食品流通の問題点を共有
  （一社）日本給食品連合会が講演・懇親会開催……………………………… 176

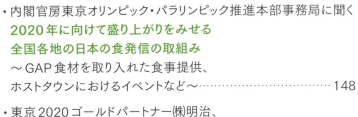

特集Ⅲ
スポーツ栄養に関心の高い企業の取組みと関連業界団体の動き

- メリックス㈱ 大髙絵梨社長 インタビュー
  合言葉は"心と体の栄養補給"
  チーム一丸となって、アスリート1人ひとりをサポート！
  確かな栄養情報と実践力でアスリートの
  心と体を支える、おいしい食事……………………………182

- ㈱LEOC 公認スポーツ栄養士 石田美奈津さんインタビュー
  食環境の整備と栄養教育の両輪でチームと選手をサポート
  栄養サポートのゴールは、選手が状況に応じて
  食べ方を選択できるよう指導すること…………………186

- （公社）日本給食サービス協会
  ・公益社団法人としての各種事業に取り組み
    着実に前進していく……………………………………188
  ・「心に残る給食の思い出」作文コンクール
    受賞作品の中には、「ワールドカップ給食」の
    感動を謳うものも………………………………………189

- （公社）集団給食協会 会員企業
  シダックスフードサービス㈱と㈱LEOCによる
  スポーツ栄養の様々な取組み……………………………192

特集Ⅳ
関連する食事提供者におすすめの厨房機器

- 温度の自動記録と一元管理でHACCP対応
  総合厨房管理システム「HASAWAY（ハサウェイ）」はHACCP制度化に有効で
  人手不足や効率化に最適！　タニコー㈱……………………………………………………198
- ニチワ電機㈱のスチコンなら運動好きな方々にもフィットする
  やさしく美味しいメニューを提供………………………………………………………………200
- 桐山工業㈱の「ガス式間接 ほっとけとーる」と「煮炊釜 KGCシリーズ」堂々登場……………202
- 旭化成ホームプロダクツ㈱によるグリスト清掃最前線 特別レポート
  「くさい」「汚い」「きつい」グリスト清掃の悩みを解決！……………………………………204

一般社団法人 日本スポーツ栄養協会協力
『アスリートとスポーツ愛好家のためのレシピ』によせて
スポーツ栄養を日々の食生活に活用してほしい

（一社）日本スポーツ栄養協会理事長 鈴木志保子氏

　（一社）日本スポーツ栄養協会は、スポーツ栄養の普及啓発とともに、その普及啓発の担い手となる公認スポーツ栄養士や管理栄養士・栄養士の活躍の場を広げるため設立しました。このレシピ集は、アスリートやスポーツ愛好家の皆さんに、スポーツ栄養を日々の食生活の中で活用してもらうために作成しました。特に、アスリートのいる家族の皆さんが元気になることも目的としています。

スポーツ栄養とは

　「スポーツ栄養」という言葉が一般的に使われるようになってから20年になると思います。スポーツ栄養は、アスリートだけに有効かというとそうではなく、「運動やスポーツを行うために必要な物質をその身体活動の状況に応じてタイミングや量を考えて摂取し、これを体内で利用すること[1]」、スポーツ栄養学が「運動やスポーツによって身体活動量の多い人に対して必要な栄養学的理論・知識・スキルを体系化したもの[2]」と定義されているように、自分の身体の目的をもって計画的に継続的に身体活動を行っている人（運動をしている人）が対象となります。具体的には、アスリート、スポーツ愛好家、健康保持・増進のために身体活動量を多くしている人、子ども全員（体育の授業のあるから）です。

　「栄養学」というと、どのようなイメージを持っていますか？多くの皆さんが、病気の治療・回復や予防のために必要な学問と考えると思います。スポーツ栄養学は、「より健康に、自分の思いどおりに生きるための栄養学」といえます。特に身体活動量が多いアスリートにとって、「スポーツ栄養学」が必要な理由は、大きく2つ挙げられます。

　1つは、パフォーマンスの向上を目的に試合や練習に合わせたエネルギーや栄養素等の摂取を行うためです。具体的な理由は、試合や練習の開始時刻や継続時間、強度等を考慮したエネルギーや栄養素等の摂取を効果的に実施するために必要となるからです。

　2つ目は、身体活動量の増加に伴うエネルギーや栄養素の摂取量に対応した栄養管理を行うためです。具体的な栄養管理の必要性は、①～③にまとめることができます[3]。

①食べることができる量には限界がある。身体活動量に伴って食べる量を多くしてエネルギーや栄養素の必要量を摂取するが、身体活動量が上回った場合には、食べることで補いきれない状況になることがある。

②身体活動（骨格筋の運動）によって交感神経の自律神経が優位な状況となり、身体活動中、効率よく消化吸収ができない。エネルギーや栄養素の必要量を摂取するために消化吸収の抑制を考慮しなくてはいけない。

③1日のうちで副交感神経が優位となり効率よく消化吸収することができる時間は、身体活動の時間が長くなれば短くなる。そのため、身体活動の増加に伴って、食べる量を多くし、対応しなくてはいけないが、効率よく消化吸収してエネルギーや栄養素の消化吸収ができないことになる。

　このような時にどのように食べることができるかというと、食事に工夫をしてエネギ

ーや栄養素の摂取量が必要量を満たすことができるようにします。しかし、食事に工夫をしても十分に摂取できない状況になった時には、成人のアスリートの場合はサプリメントを活用することになります。

ジュニアアスリートに求められる食事とは

では、ジュニアアスリートの場合の考え方について説明します。

ジュニアアスリートは、アスリートであると同時に成長のスパート期でもあります。生きていくためには、栄養、運動（身体活動）、休養のバランスが大切ですが、成長期では、特にこのバランスを崩さないように注意する時期であるといえます。生きるためと成長のために成人よりもエネルギーや栄養素が多く必要である成長期に、スポーツによって身体活動量が多くなるジュニアアスリートは、アスリートでない子どもに比べてエネルギーや栄養素の必要量も多くなることから、とても難しい栄養管理になります。ジュニアアスリートの栄養を考える際、栄養、運動、休養のバランスが乱れることのないようにどのように栄養管理を行うべきかが重要なポイントです。

具体的には、ジュニアアスリートは、「3食、補食をしっかりと十分に食べていても、栄養状態が悪いこともある」という点です。このような状態で特に、エネルギー不足が大きな問題となります。

成長期は、身長が伸びると同時に体重が増えます。この体重の増加の多くが、骨や骨格筋量によるものと考えられます。エネルギーの必要量は、成長するためのエネルギーと、骨格筋量の増加に伴う基礎代謝量が増加のためのエネルギーを増加分としなくてはなりません。したがって、日々増加する身長と体重に合わせてエネルギーの補給を増加させていない、あるいは補給量が少なく補いきれない場合には、エネルギー不足になるのです。また、補給したくても、すでに食べることができる限界まで食べている場合も、食べる量を増やすことができないため、エネルギー不足となります。

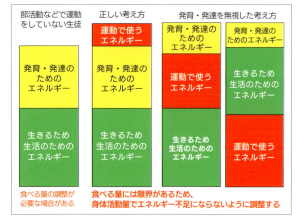

【図】ジュニアアスリートのエネルギー摂取の考え方[3]

通常、アスリートでない子どもの場合には、食事と補食を十分に食べることができていればエネルギー不足になることはないと考えます。しかし、アスリートの場合は、成長に必要なエネルギーに加え、運動によって消費するエネルギーも必要となるため、限界まで食べたとしても、エネルギー不足に陥る可能性があるのです。例えば、半年間で身長が伸び、体重も重くなったにもかかわらず、食べる量は半年前と変わらない場合には、エネルギー不足が起こっています。また、故障をして1週間練習できないときに食事や補食を練習があるときと同量食べても、体重が増加しない場合には、今まで摂取したエネルギー量が、練習なしの1日の総エネルギー消費量と平衡状態であったと考えられ、このエネルギー摂取量で練習をしたならばエネルギー不足になることを示しています。

【図】は、ジュニアアスリートのエネルギー摂取の考え方を示しています[3]。棒グラフ全体が1日に食事から摂取できる最大のエネルギー量（朝・昼・夕食と補食）としてみてください。成長期は、正しい考え方として摂取したエネルギーを「生きるため・生活のためのエネルギー」、「発育・発達のためのエネルギー」で使い、残ったエネルギーで運動をすることになります（左から2番目の棒グラフ）。例えば、運動をしていない子どもや運動量が少ない子ども（一番左の棒グラフ）は、食べることができる最大限の量を食べて生活すれば成人同様に肥満となることがあります。逆

に、運動をしていなくても、食べることができる量が少ない子どもは、肥満にはなりません。

ジュニアアスリートの現状を考えると、右から2番目の棒グラフのようになると考えます。エネルギーの使い方として優先順位が、「生きるため・生活のためのエネルギー」に次いで、「運動で使うエネルギー」、残ったエネルギーを「発育・発達」で使っている状況です。さらに、一番右の棒グラフは、ジュニアの強化選手などに選ばれたアスリートに多く見られる状況で、優先順位として、練習をしっかりとこなすことが第一となり、「生きるため・生活のためのエネルギー」も低減するために日中はできるだけエネルギーを使わない状態（授業中に居眠りをするなど）を保ち、「発育・発達のためのエネルギー」も少なくなります。「運動で使うエネルギー」が多くなると、「発育・発達のためのエネルギー」が少なくなるため、低身長、貧血、疲労骨折などが引き起こされ、女子アスリートの場合には、初潮遅延（無月経）も起こり、女性アスリートの三主徴（FAT）を呈することもあります。発育・発達は、限られた期間でしか行うことができないため、成長期のFATは一生に通じる被害を生むことにもなります。

このようにジュニアアスリートの栄養状態の評価は、朝食・昼食・夕食に加え、補食をしっかりと食べているからといって、「栄養状態は良好である」とは言えないのです。食べることができるエネルギー量で1日を過ごすためには、<u>運動量を少なくする必要があります</u>。

ジュニアアスリートは、良好な栄養状態を維持するために、バランスよく食べなくてはなりません。3食で取りきれなかった場合には「補食」を加えます。また、練習の終了時刻が遅くなる場合には間食を加えて、練習中にエネルギーや栄養素が不足する状態にならないようにします。通常、「間食」とは、寝ているとき以外で食事と食事の間隔が6時間以上あく場合に、夕食の一部分（主に主食）を間食として練習前に食べ、夕食では、間食で食べた分を減らして食べることをいいます。1日の食べる総量は変えずに、食事の間に食べる食事のことといえます。しかし成長期のアスリートの場合は、夕食の時間が遅くなるために取る間食と、3食では取りきれないから食べる補食の両方の意味を持つため、夕食では間食で取った分を減らさず食べることもあります。

ジュニアアスリートの食事は、エネルギーや栄養素の不足にならないための工夫が求められます。エネルギー不足の予防には、揚げ物などの調理法を用いて油を積極的に活用することもあります。また、成長期の身体づくりや身体活動量の増加に伴って糖質の必要量も増加することから、主食の量が十分に確保できるようにします。たんぱく質は過剰摂取にならないように注意します。

このレシピ集では、家族みんなで使えるようになっています。家族全員が年齢、身体の大きさなどに合わせて食べることができるように「レシピの使い方」を必ず読んでからレシピを活用してくださいね。

プロフィール
鈴木 志保子（すずき・しほこ）

東京都出身。公立大学法人神奈川県立保健福祉大学保健福祉学部栄養学科教授。管理栄養士。公認スポーツ栄養士。実践女子大学卒業後、同大学院修了。東海大学大学院医学研究科を修了し、博士（医学）を取得。

2000年より国立鹿屋大学体育学部助教授、2003年より神奈川県立保健福祉大学栄養学科准教授を経て、2009年4月より現職。

（一社）日本スポーツ栄養協会理事長、（公社）日本栄養士会副会長、NPO法人日本スポーツ栄養学会前会長、日本パラリンピック委員会女性スポーツ委員会委員、東京2020組織委員会飲食戦略検討委員。

専門分野はスポーツ栄養学。著書は、「理論と実践 スポーツ栄養学」（日本文芸社）をはじめ多数。

参考文献
1) 鈴木志保子、健康づくりと競技力向上のためのスポーツ栄養マネジメント、日本医療企画、2011、11-22.
2) 鈴木志保子、スポーツ栄養マネジメントの確立と実際、日本栄養士会雑誌2009、52、4-8.
3) 鈴木志保子：理論と実践 スポーツ栄養学、日本文芸社、2018、12-32.

（一社）日本スポーツ栄養協会 協力
アスリートとスポーツ愛好家のためのレシピ
レシピの使い方

『アスリートとスポーツ愛好家のためのレシピ』は、（一社）日本スポーツ栄養協会の会員である22名の公認スポーツ栄養士が作成したオリジナルレシピ集です。アスリートが置かれた状況に応じてレシピを使い分けられるよう、5つのカテゴリ（通常練習期・試合期・増量期・減量期・補食）に分けて実用化するとともに、各カテゴリの前文ではそれぞれの時期に必要な食事や工夫点、レシピのポイントなどをまとめています。このページでは、家族も同じ料理を楽しめるよう食材量の展開方法や家族全員分を作った時の配分方法を紹介しています。家族みんなでスポーツと食事を楽しめるよう工夫しているので、ぜひ作ってみてください。

家族みんなでレシピを使えるように

この本のレシピは、40代後半の父・母と、高校でサッカーをしている息子、中学校でバスケットボールをしている娘の4人家族が、昼食あるいは夕食として取り入れやすい献立や料理を紹介しています。家族4人それぞれのエネルギー摂取の基準は、【表1】に示した通りです。表中の「比率」は、母のエネルギー量を基準「1」とした場合の、父、高2息子、中2娘のエネルギー量の比率を示しています。レシピには基準となる母の分量を示していますので、<u>各レシピに比率の数値をかけた量を家族それぞれの目安</u>にしてください。（右下「食材の展開例」参照）

※この比率は目安であり、身体の大きさや年齢などによって変わります。

【表1】通常期・試合前のエネルギー摂取基準量

	基準レシピ	基準との対応		
対象	母	父	高2息子	中2娘
エネルギー	2,000kcal	2,650kcal	3,600kcal	2800kcal
比率	1	1.3	1.8	1.4
割合	18%	24%	33%	25%

※父・母の値は日本人の食事摂取基準2015、30～49歳、身体活動レベル「ふつう」を採用。

食材の展開例

レシピの豚肉の材料表記が70gの場合

→ 母　　　　そのまま　　　70g
→ 父　　　　70×1.3 ≒ 90g
→ 高2息子　70×1.8 ≒ 130g
→ 中2娘　　70×1.4 ≒ 100g

また、【表1】には割合も示しました。母の分量の5.5倍（＝1＋1.3＋1.8＋1.4）を準備して調理し、全体量の1/4ずつを父と中2娘で、残り（全体量の1/2）を1：2の割合で母と高2息子で分けると、適当なエネルギー量の配分にすることができます（左下図）。魚の切り身を使った料理など、主菜1人前の分量を変えることが難しい場合は、副菜のたんぱく質源を増減して、献立内で調整します（右下表）。

（図）料理の配分例

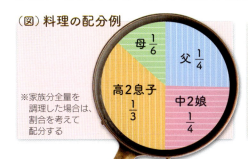

※家族分全量を調理した場合は、割合を考えて配分する

主菜1人前の分量を変えることが難しい献立の調整例

たんぱく質源として切り身魚、豆腐、乳製品のある献立の場合

母	切り身魚と、豆腐または乳製品のどちらかにする
父	切り身魚と、豆腐、乳製品
高2息子	切り身魚と、豆腐または乳製品の量を増やす
中2娘	切り身魚と、豆腐、乳製品

写真は執筆者の皆さんのレシピをもとに、川野妙子クッキングコーディネーターが調理し、佐藤全カメラマンが撮影したものです。

レシピのアピールポイントを表したマークです。高たんぱく質、カルシウム豊富、ビタミン豊富など、レシピ選択時に参考にしてください。

40代母親の分量を基準に材料の表記をしております。左ページの[表1]を参考に倍数をかけて、父、高2息子、中2娘に展開させて、ご活用ください。

レシピ執筆者の皆さんによる調理時のポイントや栄養素の情報などについて説明を載せています。

エネルギー・たんぱく質・脂質・食塩相当量といった主な栄養価を表示しています。メニュー選択時に参考にしてください。

　父母が飲酒をする場合の調整方法について付け加えておきます。アルコールは1gで7.1kcalのエネルギーがありますが、炭水化物・脂質・たんぱく質とは異なるエネルギー源として考えます。食事＋お酒を摂った場合、炭水化物、脂質、たんぱく質、アルコールそれぞれからエネルギーを摂ったことになりますが、アルコールからのエネルギーが優先して消費されます。アルコールが分解されてエネルギーになる経路は、脂質のそれと近いため、アルコールがエネルギーとして消費されている時間は、脂質のエネルギーとしての利用は抑制され、蓄える方向に向かいます。このことから、飲酒をするときは、全体のエネルギー量を超えないことを前提とし、可能な限り脂質量を中心に、脂質で調整できない分を炭水化物で調整すると良いでしょう。

【表2】アルコール飲料および調整候補食材のエネルギーおよび栄養素量

		目安量	重量 g	エネルギー kcal
アルコール飲料	日本酒/純米酒	1合(180ml)	180	185
	ビール/淡色	1缶(350ml)	350	140
	ワイン/白	グラス1杯	100	73
	ワイン/赤	グラス1杯	100	73
	焼酎/25度	コップ1/2杯	100	146
	缶チューハイ/レモン風味	1缶(350ml)	350	182
調整候補食材	ぶた肉/脂身	ロース100gから切り取ったもの	15	111
	鶏/皮	モモ1/2枚分	25	128
	サラダ油	小さじ1	4	37
	フレンチドレッシング	大さじ1	15	61
	マヨネーズ	大さじ1	12	85
	めし	茶碗軽く1膳	100	168

例：P29の「とりの梅照焼」献立に合わせて、ビールを1缶飲むときは、皮を残すことでエネルギー調整をすると良い。

1 通常練習期のレシピ

通常練習期に食べたい食事
―必要な栄養素の摂り方と工夫―

求められるエネルギー栄養素とバランス

エネルギーとして利用できる栄養素は、炭水化物・たんぱく質・脂質です。十分なエネルギーを摂るためには、これら3つの栄養素が含まれた食事を摂る必要があります。厚生労働省が発表している「日本人の食事摂取基準」では、必要なエネルギー量の50～60％を炭水化物で、13～20％をたんぱく質で、20～30％を脂質で摂ることをガイドラインとして掲げています。

一方、アスリート向けの栄養ガイドラインでは、糖質は体重1kgあたり5～10g/日（中～高強度の運動を1～3時間程度行う場合）、たんぱく質は体重1kgあたり1.4～2.0g/日が目安と考えられています。

これらのガイドラインを、この本で設定した家族に当てはめると、【表】のようになります。実際には、アスリート向け栄養ガイドラインをジュニアアスリートに当てはめることはしませんが、参考までに数値を表記してみました。1つの栄養素に対して複数の数値があり、複雑ですが、公認スポーツ栄養士は、対象アスリートの競技の期分け（身体作りの時期なのか、試合期なのか、など）や運動量によって、ガイドラインの数値を活用して、対象となるアスリート用にアレンジしてエネルギーや栄養素量を決めています。

今回の通常練習期の場合は、最初に、たんぱく質量を過剰にならないレベルで確保して、エネルギーの半分以上を炭水化物で摂取、嵩（かさ）が増える分は脂質を使ってエネルギー量を確保する、という考え方をします。具体的には、たんぱく質量はエネルギー比率で見た下限、炭水化物はエネルギー比率の中央を、脂質は大人の場合は中央値、子どもは高いほうの数値を参考にすると良いでしょう。

通常練習期に必要な栄養素をどのように摂るか

次は、これらの栄養素を具体的に、どんな食材をどのくらい食べることで摂るかということを考えなくてはいけません。今回ご紹介する通常練習期のメニューでは、1日のエネルギー量の35％を目安とし、基準のメニューは700kcalとしました。食品の栄養素を考えて献立を立てることは難しいので、献立としては、主食、主菜（メインのおかず）、副菜（野菜やきのこ・海藻を使ったおかず）、汁物、果物または乳製品という組み合わせ、あるいは、主食とメインのおかずが一緒になった丼または麺料理に副菜、果物または乳製品

【表】 各ガイドラインでのエネルギー産生栄養素の食事摂取基準

対象		母	父	高2息子	中2娘
参照体重		－	－	59.7kg	47.5kg
エネルギー		2,000kcal	2,650kcal	3,600kcal	2800kcal
炭水化物	エネルギー比率50～65％	250～300g	330～400g	450～540g	350g～420g
	体重あたり5～10g ※糖質量として	－	－	300～600g	250～475g
たんぱく質	推奨量	50g	60g	65g	55g
	エネルギー比率13～20％	65～100g	85～135g	120～180g	90～140g
	体重あたり1.4～2.0g	－	－	90～120g	70～95g
脂質	エネルギー比率20～30％	45～70g	60～90g	85～120g	65～95g

という組み合わせで提案しています。

スポーツをする子どもの通常練習期の場合は、十分なビタミン・ミネラルの補給を目的に、この形を基本にしつつ、果物と乳製品は毎食摂るようにしましょう。献立に使われている食材量を見ると、炭水化物源として主食にご飯150g、たんぱく質源としてメインに肉や魚を70gと副菜に少々、野菜・きのこ・海藻類はメインのつけ合わせと副菜、汁物で150g、乳製品はヨーグルトが70～100g、果物80gとなっています。

スポーツをする子どもの分量は、それぞれエネルギー量の比率を掛け算すれば算出できます。ただし、野菜・きのこ・海藻類は分量の把握がしにくいものです。これらは先に述べた通り、メインの付け合わせ、副菜、汁物の具の3皿で摂ると、150gに近い分量にすることができます。野菜類の摂取量を増やすには、それぞれの量を増やす、という方法のほか、1品プラスする、という方法でもかまいません。中華料理に多い肉と野菜を炒めた料理は、メインの付け合わせと副菜を合わせたくらいの野菜の分量が摂れるので、汁物の具に野菜をプラスするなど、もう1品野菜を使った料理があれば、150gに近い分量になります。

多様な食材をうまく献立に取り入れよう

食事に含まれる食材の種類は、多いほうが、いろいろな栄養素・栄養成分が摂れるようになります。1回の食事の中でたくさんの種類の食材が使われている状態はとても理想的です。現実的には、1日のうちで、1週間の単位で、いろいろな種類の食材が摂れるような食事であれば、問題ありません。

メインを肉料理と魚料理の交互にする、メインに使ったたんぱく質源とは異なるたんぱく質源を副菜に取り入れる、野菜や果物は年間食べられるものに加え、季節のものを取り入れる、などの工夫をすることにより、自然に食材の種類を増やすことができるでしょう。

脂肪（油）の取り入れ方

ジュニアアスリートは、必要なエネルギー量がとても多いので、通常練習期の食事には、エネルギー摂取効率の良い"脂肪（油）"を上手に使いましょう。低脂肪の食事でエネルギー量を確保しようとすると、嵩（かさ）が多くなるからです。肉や魚は極端に脂肪が少ないところを選ぶ必要はありません。（脂肪が少ない肉や魚ばかりだと、エネルギーが低くなります。）

揚げ物も避ける必要はありません。一緒に食べる大人が脂質を控えたい場合、子どもと同じ調理方法で食べるなら、脂の少ない食材・部位を選ぶ、脂の部分を残して食べるなどの工夫が必要です。脂肪の少ない食材・部位を献立に組み入れる場合は、大人はノンオイルのソース、子どもはオイル入りのソースにするなどトッピング要素で差を付けられます。

栄養密度を高める工夫

ジュニアアスリートはエネルギー量だけでなく、ビタミンやミネラルの必要量も多くなります。そのため、栄養密度を高める工夫も必要です。方法としては、精製度の低い穀類を主食にする（白米に雑穀米などをブレンドするのも良い）、野菜は緑黄色野菜を優先して使う、小魚・ナッツ類など水分の少ない食材を使う、などがあります。料理のバリエーションを広げることにもつながる方法です。

食の細い子どもに食べてもらう工夫

ジュニアアスリートの保護者からの相談で多いのは"少食"です。食の細い子どもの場合は、主食で炭水化物を、メインのおかずでたんぱく質を摂ることを優先します。野菜は緑黄色野菜の割合を高め、火を通して嵩を減らしましょう。ご飯とおかずと、副菜と・・・と、皿数の多さが食べるプレッシャーになる子どももいるようです。1つのお皿に盛り込んでしまう、丼ものにする、鍋料理などでたんぱく質も野菜も摂れる料理にしてしまう、などの方法も取り入れてみてください。

食欲増進！きのこご飯と鶏の梅照り焼きの献立

練習がハードで食欲が落ちている時でも食べやすい献立です。味付けご飯にすることでしっかり食べることができ、炭水化物補給が期待できます。おかずの梅はさっぱり食べられるだけでなくクエン酸補給もできます。

MENU

- きのこご飯
- 鶏の梅照り焼き
- 温奴 ピリ辛ニラだれ
- 野菜サラダ
- みそ汁
- パイナップル
- ヨーグルト

鶏の梅照り焼き

きのこご飯

献立全体のエネルギー・栄養価総量（1人分）

エネルギー	：697kcal
たんぱく質	：32.9g
脂質	：21.1g
炭水化物	：91.8g
カルシウム	：312mg
鉄	：4.5mg
食塩相当量	：6.3g

きのこの香りが食欲をそそります
きのこご飯

材料（1人前純使用量/g）

米	60g
水	適量
干ししいたけ	1g
しめじ	20g
にんじん	10g
油揚げ	5g
かつおだし汁	50ml
しょうゆ	小さじ1（6g）
酒	大さじ1/2（8g）
青ねぎ	お好みで

作り方

① 干ししいたけはもどす。しめじは小房に分ける。にんじんは皮をむいて短冊切り（3cm）にする。油揚げは熱湯をかけて油抜きをし、縦半分に切って短冊切りにする。
② 米は通常どおりといで、目盛に合わせて水を入れる。
③ だし汁、しょうゆ、酒、①のしいたけのもどし汁を合わせ、その合計分量を②で入れた水から引き、調味液を加えてひと混ぜする。
④ ③に①の具を加える。
⑤ 炊飯器で炊く。（炊き込みモードがある場合はそれを使用する。）
⑥ 炊きあがりに、お好みで青ねぎの小口切りをちらす。

料理の特徴
下処理をして炊飯器に入れるだけの簡単炊き込みご飯です。きのこはお好みのものを使用してOK。具をごま油で炒めてから炊き込めば、より香り高いご飯に仕上がります。

一口メモ
炊き込みご飯は食欲をUPさせるだけでなく、素材の旨みや栄養を余すことなく食べることができます。四季折々の旬の食材を使ってぜひ食卓に登場させてください！

料理単品のエネルギー・栄養価総量（1人分）
エネルギー：245kcal　たんぱく質：5.3g　脂質：2.2g　炭水化物：48.6g
カルシウム：26mg　鉄：0.6mg　食塩相当量：0.9g

梅の香りがさっぱりおいしい
鶏の梅照り焼き

材料（1人前純使用量/g）

鶏もも（皮つき）	80g
しょうゆ	小さじ1弱（5g）
みりん	小さじ1弱（5g）
酒	小さじ1弱（5g）
梅干し	10g
きゅうり	1/12本
みそ	小さじ1/2（3g）
サラダ菜	1枚（8g）

作り方

① 鶏もも肉は余分な脂肪（黄色い部分）を除き、厚みがあるところは包丁を入れて、厚みを均一にする。
② 梅干しは手でちぎるか、包丁でたたく。（お好みで）
③ バットに調味料、①、②を入れて、10～30分漬け込む。
④ 魚グリルに③を皮目を上にしてのせ、中火でじっくり焼く。（焦げてきたらアルミホイルをかぶせるとよい。）
⑤ 皿にサラダ菜をしき、④の鶏をのせ、きゅうりスティックとみそを添える。

料理の特徴
普段の照り焼きにちょっとひと工夫して、さっぱり仕上げます。お弁当にもおすすめの一品です。

一口メモ
梅干しをちぎって果肉を残すか、たたいてペーストにするかはお好みで調整してください。カリカリ梅をトッピングしてもおいしく召し上がれます。

料理単品のエネルギー・栄養価総量（1人分）
エネルギー：198kcal　たんぱく質：13.6g　脂質：11.3g　炭水化物：7.8g
カルシウム：14mg　鉄：0.8mg　食塩相当量：1.9g

通常練習期

食欲アップ！豚キムチ献立

食欲が低下している時でもご飯がすすむ献立です。手軽に野菜をたっぷり食べられて、食べやすさを重視したメニューになっています。食欲がないなと感じた時にぜひお試し下さい！

MENU

- ご飯
- 豚キムチ
- 豆腐の野菜あんかけ
- コロコロマヨサラダ
- 大根となめこのみそ汁
- フルーツヨーグルト

豆腐の野菜あんかけ

豚キムチ

献立全体のエネルギー・栄養価総量（1人分）

エネルギー	726kcal
たんぱく質	30.1g
脂質	24.4g
炭水化物	93.2g
カルシウム	256mg
鉄	3.2mg
食塩相当量	3.3g

手早くスタミナアップならこれ！！
豚キムチ

`ビタミン豊富`

材料（1人前純使用量/g）

豚もも肉	60g
白菜キムチ	50g
ニラ	10g
もやし	30g
しょうゆ	小さじ1/3（2g）
にんにく	1g
ごま油	3g

料理の特徴

さっと炒めるだけ・短時間で、野菜たっぷり、食欲UPな一品ができます！

作り方

① フライパンに油を熱し、にんにくの色が変わるまで炒める。
② 一口大に切った豚肉を入れて、色が変わってきたら、もやし、ニラを加え、さらに炒める。
③ 最後に白菜キムチ、しょうゆを加え、サッと炒める。

一口メモ

ご飯にのせれば、豚キムチ丼で食べやすさアップ。温泉卵を上にのせれば、味がまろやかになりキムチの辛さが苦手な方におすすめです！

料理単品のエネルギー・栄養価総量（1人分）
エネルギー：170kcal　たんぱく質：14.6g　脂質：9.3g　炭水化物：5.8g
カルシウム：35mg　鉄：0.9mg　食塩相当量：1.5g　ビタミンK：52μg　ビタミンB_1：0.59mg

野菜も一緒に
豆腐の野菜あんかけ

`しっかり野菜`

材料（1人前純使用量/g）

絹ごし豆腐	70g
玉ねぎ	15g
しめじ	15g
にんじん	10g
小松菜	10g
和風だし（顆粒）	1g
しょうゆ	小さじ1/2（3g）
みりん	小さじ1/2（3g）
酒	小さじ1/2弱（2g）
砂糖	小さじ1（3g）
塩	少々
水	250ml
片栗粉	3g
おろし生姜	1g

作り方

① 豆腐を一口大に、玉ねぎ、にんじんは短冊、しめじは石づきを切りほぐしておく。
② 小松菜を1cm幅に切り、さっとゆでる。
③ 鍋に①を入れ、だし、しょうゆ、みりん、酒、砂糖、水で煮る。
④ 野菜に火が通ったら塩で味を整え、水溶き片栗粉でとろみをつけ、おろし生姜を加える。
⑤ ②を加え、さっと絡める。

料理の特徴

切った豆腐と野菜を入れて煮込むだけ。手間のかからない一品です。

一口メモ

豆腐に小麦粉をつけて焼いてから、あんをかける豆腐ステーキもおすすめです。あんは揚げた魚にかけるなどアレンジが豊富です。

料理単品のエネルギー・栄養価総量（1人分）
エネルギー：79kcal　たんぱく質：4.4g　脂質：2.2g　炭水化物：10.4g
カルシウム：57mg　鉄：1mg　食塩相当量：0.8g

チーズ味の鮭のムニエルと小松菜とハムのソテーの献立

シダックス中伊豆ワイナリーヒルの合宿専用メニューです。数日間の合宿中、厳しい練習に備えるためには、しっかり食事をとって、体重が減ってしまわないようにすることが重要です。10代に苦手な魚料理もチーズ味で食べやすく、ご飯がすすむおかずです。飲む以外にも乳製品を使用しているので、カルシウムが多いメニューにもなっています。

MENU

- ご飯
- 鮭のムニエル チーズソースがけ
- 小松菜とハムのソテー
- みそ汁
- トマトサラダ
- オレンジ
- ヨーグルト

小松菜とハムのソテー

鮭のムニエル チーズソースがけ

献立全体のエネルギー・栄養価総量（1人分）

エネルギー	688kcal
たんぱく質	38.4g
脂質	16.9g
炭水化物	93.6g
カルシウム	505mg
鉄	4mg
食塩相当量	5.6g

苦手な魚もチーズ味で食べやすく
鮭のムニエルチーズソースがけ

`カルシウム豊富`

材料（1人前純使用量/g）

鮭 … 70g	有塩バター … 1.5g
塩 … 0.8g	粉チーズ … 8g
こしょう … 少々	低脂肪牛乳 … 80g
小麦粉 … 6g	固形コンソメ … 1.5g
植物油 … 1.5g	

作り方

① 鮭は水気をキッチンペーパーでとってから、塩、こしょうをする。
② ①の鮭に小麦粉をまんべんなくまぶす。
③ フライパンに植物油とバターを溶かし、②の鮭を両面焼く。
④ 低脂肪牛乳を小鍋に入れて、温まったらコンソメと粉チーズを溶かし入れて弱火で約10分煮詰めてソースにする。
⑤ ③の鮭を皿にのせ、④のソースをかける。

料理の特徴
鮭のムニエルをソースで変わった印象に。蒸した肉や魚介にも合うソースです。

一口メモ
牛乳は低脂肪を使用し、あっさり気味にしてあります。濃厚なソースが良いときには、普通の牛乳でも。

料理単品のエネルギー・栄養価総量（1人分）
エネルギー：218kcal　たんぱく質：22.8g　脂質：9g　炭水化物：9.8g
カルシウム：220mg　鉄：0.5mg　食塩相当量：2.1g

ビタミンの多い葉野菜も摂ろう
小松菜とハムのソテー

`ビタミンC豊富`

材料（1人前純使用量/g）

小松菜 … 60g
ロースハム … 15g
植物油 … 1g
塩 … 0.5g

作り方

① 小松菜はよく洗って、3cm幅にカットし、ハムは短冊切りにしておく。
② フライパンに植物油を熱して、小松菜とハムを炒め、塩で調味する。

料理の特徴
シャキシャキ感を残して、ソテーすると食べ応えが出ます。ビタミンCが多いメニューです。

一口メモ
他の野菜も加えて、野菜不足解消に！時短や、一皿で済ませたいときは、主菜の付け合わせとして盛れば手軽です。

料理単品のエネルギー・栄養価総量（1人分）
エネルギー：47kcal　たんぱく質：3.4g　脂質：3.2g　炭水化物：1.6g
カルシウム：104mg　鉄：1.8mg　食塩相当量：0.9g　ビタミンC：31mg

通常練習期

鉄分豊富！ハンバーグとアサリと野菜の炒め物献立

牛肉とアサリで鉄が強化されている献立です。ハンバーグはミニサイズのため、家族ひとりひとりに合わせて個数を調整できます。トマト煮だけでなく、デミソースや、焼いておろしポン酢をかけるなど色々な食べ方ができます。ご飯だけでなく、パンにも合うメニューです。（ライ麦入り食パンやフランスパンがおすすめ。）

MENU

- ご飯
- うずら卵入りミニハンバーグ（トマト煮）
- 野菜サラダ
- **アサリと野菜の塩こうじ炒め**
- コンソメジュリエンヌ
- オレンジ
- ヨーグルト

アサリと野菜の塩こうじ炒め

うずら卵入りミニハンバーグ（トマト煮）

献立全体のエネルギー・栄養価総量（1人分）

エネルギー	：770kcal
たんぱく質	：44.7g
脂質	：24.6g
炭水化物	：91.5g
カルシウム	：301mg
鉄	：21.9mg
食塩相当量	：6.7g

うずら卵入りでオトクな気分♪
うずら卵入りミニハンバーグ（トマト煮）

`鉄分豊富` `高たんぱく質`

材料（1人前純使用量/g）

玉ねぎ……25g	卵（溶き卵）……10g	水……適量
牛ひき肉……80g	うずら卵水煮……30g	カリフラワー……30g
塩・こしょう……少々	トマトソース……50g	ブロッコリー……30g
生パン粉……5g	固形コンソメ……5g	

作り方

① 玉ねぎはみじん切りにし、小さい耐熱皿に入れてラップをし、電子レンジで1分かけて、粗熱をとる。
② ボウルに牛ひき肉、塩、こしょうを入れて、手でよく練る。
③ ねばりがでてきたら、①を入れてさらに混ぜ、パン粉と卵を入れる。
④ うずらの卵の個数分に、③の肉だねを分ける。（ここでは2つ）
⑤ 肉だねでうずらの卵1個を包む。（個数分）包む時に空気が入らないように注意する。
⑥ テフロンフライパンに⑤を入れて軽く焼き目をつけ、そこに、固形コンソメ、トマトソース、ハンバーグが半分つかるくらいの水を入れて煮込む。
⑦ ブロッコリー、カリフラワーはそれぞれゆでて冷ましておく。
⑧ 皿に⑥、⑦を盛り付ける。

料理の特徴
煮込みハンバーグなので生焼けの心配もありません。うずらの卵が入っているのでボリュームがUPします。お弁当にもおすすめです。

一口メモ
うずらの卵が出てこないように、しっかり包んでください。今回はうずらの卵を中に入れましたが、チーズや野菜を入れてもおいしく仕上がります。

料理単品のエネルギー・栄養価総量（1人分）
エネルギー：322kcal　たんぱく質：23.7g　脂質：18.1g　炭水化物：14.4g
カルシウム：56mg　鉄：3.9mg　食塩相当量：3.4g

手軽に鉄分補給ができる
アサリと野菜の塩こうじ炒め

`鉄分豊富`

材料（1人前純使用量/g）

アサリ（水煮or冷凍）……40g	オリーブオイル……2g
玉ねぎ……50g	塩こうじ……2g
コーン（冷凍）……5g	こしょう……少々

作り方

① フライパンに油を熱し、アサリ、玉ねぎ、コーンの順に強火で炒める。
② 火が通ったら、塩こうじとこしょうを入れて味を整える。

料理の特徴
鉄がたっぷり摂れる副菜です。アサリが苦手な方は（鉄分は摂れませんが）シーフードミックスを使っても良いでしょう。

一口メモ
パスタの具などにも応用できます。水分が気になる場合は、水溶き片栗粉でとじてください。

料理単品のエネルギー・栄養価総量（1人分）
エネルギー：111kcal　たんぱく質：11.1g　脂質：3.4g　炭水化物：10g
カルシウム：104mg　鉄：17.3mg　食塩相当量：0.6g

通常練習期

鶏むね肉の塩こうじチキン南蛮の献立

宮崎県の人気ご当地メニューであるチキン南蛮を、鶏むね肉と塩こうじを使ってアレンジしました。鶏むね肉を使えば、もも肉よりもエネルギーを抑えることができ、塩こうじで下味を付ければ、よりしっとりと仕上がります。揚げずに焼いて調理することで、さらにエネルギーを抑えることができます。

MENU

- ご飯
- 鶏むね肉の塩こうじチキン南蛮
- 小松菜とツナのお浸し
- 根菜具だくさんみそ汁
- フルーツ

小松菜とツナのお浸し

鶏むね肉の塩こうじチキン南蛮

献立全体のエネルギー・栄養価総量（1人分）

エネルギー	710kcal
たんぱく質	39.5g
脂質	20.6g
炭水化物	89.5g
カルシウム	225mg
鉄	4.8mg
食塩相当量	4g

揚げずにしっとり！人気のチキン南蛮！
鶏むね肉の塩こうじチキン南蛮

郷土料理　高たんぱく質

材料（1人前純使用量/g）

鶏むね肉 ················· 120g	七味唐辛子 ················ 0.1g
塩こうじ ··················· 8g	卵 ························· 10g
酒 ················ 小さじ1/2弱（2g）	玉ねぎ ····················· 5g
片栗粉 ····················· 5g	マヨネーズ ········ 大さじ1/2（6g）
サラダ油 ··················· 4g	パセリ ··················· 0.1g
しょうゆ ············ 小さじ1（6g）	キャベツ ··················· 30g
酢 ················· 小さじ1強（6g）	ブロッコリー ··············· 30g
砂糖 ·············· 小さじ1（3g）	ミニトマト ················ 10g

作り方

① 鶏むね肉を食べやすい大きさに切り、塩こうじと酒を混ぜたものに3時間～半日漬けておく。
② フライパンに油を入れ、①の鶏肉に片栗粉をまぶし、火が通るまで焼く。
③ ゆで卵を作り、みじん切りした玉ねぎ、マヨネーズ、刻んだパセリと混ぜる。
④ しょうゆ、酢、砂糖、七味を鍋に入れ、ひと煮立ちさせる。
⑤ キャベツは千切り、ブロッコリーは小房に分けてゆでる。
⑥ ⑤の野菜と鶏肉を盛り、④の甘酢と③のタルタルソースをかける。

料理の特徴

塩こうじを使うことにより鶏肉がやわらかくなり、下味もしっかりつきます。

一口メモ

「食べたいけどエネルギーが気になる・・・」。そんなメニューも食材や調理法を工夫することで、エネルギーを抑えて、罪悪感なく食べることができます。

料理単品のエネルギー・栄養価総量（1人分）
エネルギー：342kcal　たんぱく質：29.6g　脂質：17.0g　炭水化物：15.7g
カルシウム：41mg　鉄：1.2mg　食塩相当量：2.3g

はさみとレンジでもう一品
小松菜とツナのお浸し

鉄分豊富　電子レンジ調理

材料（1人前純使用量/g）

小松菜 ···················· 80g	しょうゆ ········· 小さじ1/3（2g）
ツナフレーク（油漬け） ······· 10g	

作り方

① 小松菜はキッチンばさみで4～5cm幅にカットする。
② 耐熱容器に入れ、ふんわりとラップをする。
③ 600Wの電子レンジで1分加熱する。
④ 粗熱を取って軽く絞り、ツナ、しょうゆを加え、和える。

料理の特徴

鉄、カルシウム、ビタミンAの摂取が期待できるレシピです。頻繁に取り入れたい小松菜は、アクが少ないので下ゆでの必要がありません。キッチンばさみでカットして、電子レンジで加熱なら、調理器具が少なく済みます。

一口メモ

小松菜など緑黄色野菜のビタミンAは、油を組み合わせることで身体への吸収が良くなります。水煮のツナを使う時は、ごま油などで風味をつけつつ、油分を加えると良いでしょう。

料理単品のエネルギー・栄養価総量（1人分）
エネルギー：39kcal　たんぱく質：3.2g　脂質：2.4g　炭水化物：2.1g
カルシウム：137mg　鉄：2.3mg　食塩相当量：0.4g

旨辛スタミナ丼とさっぱり生姜サラダの献立

スタミナUPを目的とした丼を中心に、食物繊維も多く摂れるようにした献立です。主菜だけでたんぱく質を摂ろうとすると、脂質が多くなりやすいため、副菜や汁物にもたんぱく質を少量ずつ取り入れたメニューです。疲れている時には食欲が落ちやすいため、スパイスや香味野菜を使って食欲を刺激しましょう。

MENU

- 旨辛スタミナ丼
- ひじきと枝豆のさっぱり生姜サラダ
- ツナとにんじんのしりしり
- ほうれん草と卵のみそ汁
- キウイフルーツ
- ヨーグルト

ひじきと枝豆のさっぱり生姜サラダ

旨辛スタミナ丼

献立全体のエネルギー・栄養価総量(1人分)

エネルギー	：724kcal
たんぱく質	：32.9g
脂質	：24.8g
炭水化物	：89.5g
カルシウム	：300mg
鉄	：4.2mg
食塩相当量	：3.5g

豚肉パワーで疲れも吹き飛ぶ！
旨辛スタミナ丼

`ビタミン豊富`

`通常練習期`

材料（1人前純使用量/g）

ご飯	150g
豚ロース肉（薄切り）	60g
ニラ	20g
玉ねぎ	40g
油	適量

A
コチュジャン	2g
酒	小さじ1（5g）
濃口しょうゆ	小さじ1（6g）
みりん	小さじ1/2（3g）
ごま油	小さじ1/2（2g）
おろしにんにく	2g
おろし生姜	2g
焼きのり（細切り）	少々

作り方

① 豚ロースは食べやすい大きさに切る。ニラは3cmほどの長さに切り、玉ねぎはスライスする。
② ボウルにAの調味料を全て入れ、よく混ぜておく。
③ フライパンに油を熱し、豚ロース、ニラ、玉ねぎを炒める。火が通ったら、②で作った合わせ調味料を入れて、さっと炒める。
④ 丼にご飯を盛り、③をのせ、焼きのりをトッピングする。

料理の特徴

ビタミンB1が豊富な豚肉と、B1の働きを強化するアリシンを多く含むにんにく、ニラ、玉ねぎなどの野菜を組み合わせたスタミナUPメニューです。調味料が多いので、事前にボウルで合わせておくと、スムーズに調理ができます。

一口メモ

今回は、豚肉、ニラ、玉ねぎを使いましたが、きのこを入れたり、野菜を増やして具沢山にするのもおすすめです。忙しい時にはスーパーでよく見かける野菜ミックスなどを使うと便利です。

料理単品のエネルギー・栄養価総量（1人分）
エネルギー：490kcal　たんぱく質：16.2g　脂質：16.2g　炭水化物：64.3g
カルシウム：27mg　鉄：0.7mg　食塩相当量：1.2g　ビタミンK：38μg　ビタミンB1：0.52mg

食物繊維がたっぷり摂れる
ひじきと枝豆のさっぱり生姜サラダ

`たっぷり食物繊維`

材料（1人前純使用量/g）

乾燥ひじき	4g
冷凍枝豆	20g
レンコン（水煮）	10g
A　ポン酢	6g
おろし生姜	2g

作り方

① ひじきは水で戻し、熱湯をかけてから水気を切る。枝豆は解凍しておく。レンコンはさっとゆで、食べやすい大きさに切る。
② ボウルに①のひじき、枝豆、レンコンを入れ、Aを加えて全体をよく混ぜる。

料理の特徴

食欲がないときにも食べやすい、生姜風味の食物繊維たっぷりサラダです。ひじきは煮物などの味をしっかりと染み込ませる料理で使われることが多いですが、今回はサラダにし、味付けに生姜の辛味をきかせることで調味料からの塩分摂取を抑えました。

一口メモ

彩りにも役立つ枝豆ですが、最近ではコンビニエンスストアでも手に入りやすく、手軽に植物性たんぱく質を摂れる食材です。ビタミンやミネラルも豊富なため、様々な料理に取り入れてみましょう。

料理単品のエネルギー・栄養価総量（1人分）
エネルギー：43kcal　たんぱく質：3.1g　脂質：1.4g　炭水化物：6.3g
カルシウム：55mg　鉄：0.9mg　食塩相当量：0.6g　食物繊維：3.3g

ご飯がすすむ!牛肉のマーマレード煮の献立

練習で疲れた時には食欲が落ちることもありますが、しっかりご飯を食べることが強い体作りに繋がります。
ご飯がすすむおかずの組み合わせにしています。

MENU
- ご飯
- 牛肉のマーマレード煮
- ねばねば和え
- ニラ玉炒め
- なすとキャベツ油揚げのみそ汁
- グレープフルーツ
- 飲むヨーグルト

ねばねば和え
なすとキャベツ油揚げのみそ汁
牛肉のマーマレード煮

献立全体のエネルギー・栄養価総量(1人分)
エネルギー : 762kcal
たんぱく質 : 35.8g
脂質 : 15.8g
炭水化物 : 112g
カルシウム : 265mg
鉄 : 4.6mg
食塩相当量 : 4.1g

赤身肉で鉄分強化
牛肉のマーマレード煮

`鉄分豊富`

材料（1人前純使用量/g）

牛肉赤身 80g
塩 0.2g
こしょう .... 少々
オレンジマーマレード
.... 65g

A しょうゆ
..... 大さじ2（12g）
酒 40g
水 200cc

作り方
① 牛肉は塩、こしょうで下味をつける。
② 鍋に①とAを加え、煮汁が沸くまで強火で煮る。沸いたら弱火にして10分、肉を返してさらに10分煮る。
③ 串を刺し、肉汁が透き通っていれば火を止める。
※肉の大きさにより煮込み時間を調節してください。

料理の特徴
脂身の少ない赤身肉を使うことで鉄分を多く含んだ料理になります。砂糖の代わりにマーマレードを使用することで甘すぎない煮物になります。

一口メモ
煮汁にゆで卵を入れておくと煮玉子ができます。今回は牛肉ですが、豚肉のブロック、骨つきの鶏肉などを煮込んでもアレンジできます。また圧力鍋やホーロー鍋で作ると、より短時間で仕上げることができます。

料理単品のエネルギー・栄養価総量（1人分）
エネルギー：219kcal　たんぱく質：17.7g　脂質：3.7g　炭水化物：22.9g
カルシウム：14mg　鉄：2.2mg　食塩相当量：2.6g

食欲が低下している時に のど越しよく微量栄養素を補える
ねばねば和え

材料（1人前純使用量/g）
納豆 20g
もずく（塩抜き）............... 20g
めかぶ（味付き）............... 15g
オクラ 15g
ポン酢しょうゆ .... 小さじ1（6g）

作り方
① もずくは長い場合は一口大にカットする。
② オクラは塩でもみ、熱湯でゆで、流水で粗熱を取り輪切りにする
③ ボウルに材料を入れて混ぜ合わせる。

料理の特徴
ねばねばした食材を組み合わせ、のど越し良く仕上げました。ご飯にのせて食べてもよし！！ご飯がすすむ一品です。

一口メモ
夏場にはみょうがやしそなどの香味野菜を加えるとさらにおいしくなります。
ポン酢以外にも、和風ドレッシングや中華ドレッシング、ポン酢＋ごま油などアレンジしていろいろな味を楽しめます。

料理単品のエネルギー・栄養価総量（1人分）
エネルギー：50.0kcal　たんぱく質：4.0g　脂質：2.1g
炭水化物：4.7g　カルシウム：49.0mg　鉄：1.0mg
食塩相当量：0.4g

なすの香ばしさがおいしい
なすとキャベツ油揚げのみそ汁

`しっかり野菜`

材料（1人前純使用量/g）
なす 30g
ごま油 2g
キャベツ 10g
しめじ 10g

油揚げ 5g
みそ 6g
和風だし（顆粒）... 1g
水 150ml

作り方
① なすは乱切り、キャベツ、油揚げは短冊切り、しめじは石づきをとる。
② 鍋になすとごま油を入れて油をからめ、火をつけてなすを炒める。
③ キャベツ、しめじを加えて軽く炒め、水を加えて沸騰するまで沸かす。
④ 油揚げを加え、みそ、だしを加えて味を調える。

料理の特徴
ごま油で炒めた香ばしいなすがおいしいみそ汁です。なすが旬の季節に試したい一品です。

一口メモ
なす以外の材料はこだわらず冷蔵庫にある野菜で代用可能です。

料理単品のエネルギー・栄養価総量（1人分）
エネルギー：61kcal　たんぱく質：2.6g　脂質：4.2g
炭水化物：3.8g　カルシウム：31mg　鉄：0mg
食塩相当量：0.7g

鶏肉のゆずこしょう炒めとねばねばサラダの献立

五穀米はビタミンやミネラル、食物繊維などがバランスよく含まれ、いも料理で炭水化物をしっかり補給できます。鶏肉や納豆は体を作るためのたんぱく質を含むので、ご飯と一緒にしっかり食べられるメニューになっています。

MENU
- 五穀ご飯
- 鶏肉とアスパラのゆずこしょう炒め
- 納豆と野菜のねばねばサラダ
- 肉じゃが
- キャベツとにんじんのみそ汁
- キウイフルーツ
- 牛乳

納豆と野菜のねばねばサラダ

鶏肉とアスパラのゆずこしょう炒め

献立全体のエネルギー・栄養価総量（1人分）

エネルギー	：773kcal
たんぱく質	：33.7g
脂質	：25.9g
炭水化物	：97.5g
カルシウム	：293mg
鉄	：2.9mg
食塩相当量	：5g

ゆずこしょうのピリ辛で食欲増進
鶏肉とアスパラのゆずこしょう炒め

材料（1人前純使用量/g）

鶏もも（皮なし）	100g	こしょう	0.1g
ねぎ	30g	みりん	小さじ1（6g）
酒	大さじ1/2（8g）	アスパラガス	15g
油	3g	ゆずこしょう	2g
塩	0.6g		

作り方

① 鶏肉を食べやすい大きさのぶつ切りにし、酒、塩、こしょうで下味を付ける。
② ねぎは斜めスライスにし、アスパラは下の硬い部分の皮をピーラーでむき、5cm幅の斜め切りにする。
③ フライパンに油をひき、鶏肉を炒める。
④ 鶏肉に火が通ったら、ねぎ、アスパラを加えて炒める。
⑤ みりん、ゆずこしょうを混ぜて、炒めた④に絡ませる

料理の特徴

アスパラが固いのが気になる場合は、先に下ゆでしておきます。ピリ辛が好きな人はゆずこしょうの量を調節してください。

一口メモ

食欲のない時でも柚子こしょうのピリ辛が食欲を増進させます。アスパラ以外にもブロッコリーやピーマン、ししとうなどとも相性の良い料理です。

料理単品のエネルギー・栄養価総量（1人分）
エネルギー：192kcal　たんぱく質：19.8g　脂質：8g　炭水化物：7.1g
カルシウム：20mg　鉄：0.8mg　食塩相当量：1.3g

混ぜるだけの簡単調理
納豆と野菜のねばねばサラダ　　　郷土料理

材料（1人前純使用量/g）

納豆	20g	みょうが	3g
にんじん	5g	しょうゆ	少々（0.5g）
たくあん	10g	ごま	0.1g
野沢菜	15g		

作り方

① にんじん、たくあんはさいの目に切り、みょうがは大き目のみじん切りに、野沢菜も細かく切っておく。
② 納豆に切った野菜を混ぜ、しょうゆで味をつけ、器に盛ったらごまを振りかける。

料理の特徴

混ぜるだけで簡単に一品ができ上がります。中に入れる野菜は、冷蔵庫にある余り物でOK。大根、きゅうり、なすなどいろいろな野菜でバリエーションを増やせます。新潟県の「きりざい」という郷土料理です。

一口メモ

量を増やして丼にすることもできます。卵を落としたり、スモークサーモン、魚の酢漬けなどをのせると、たんぱく質が豊富な一品となります。

料理単品のエネルギー・栄養価総量（1人分）
エネルギー：49kcal　たんぱく質：3.8g　脂質：2.1g　炭水化物：4.4g
カルシウム：43mg　鉄：0.9mg　食塩相当量：0.8g

通常練習期

サワラのマスタード焼きとじゃがいもコンソメ煮の献立

主菜は魚が苦手な方でも食べやすいよう淡白でクセのないサワラを使用しました。マスタードソースは手軽に作れ、他の料理にも使えます。主菜の味付けを活かすため、副菜はコンソメ煮でシンプルに。やさしい甘さの甘酒フルーツヨーグルトは混ぜるだけで簡単！フルーツはお好みに合わせてアレンジ自在です。

MENU

- 十八穀ご飯
- サワラのマスタード焼き
- じゃがいものコンソメ煮
- ミネストローネ風スープ
- 甘酒フルーツヨーグルト

じゃがいもの
コンソメ煮

甘酒フルーツ
ヨーグルト

サワラのマスタード焼き

献立全体のエネルギー・
栄養価総量（1人分）

エネルギー	：729kcal
たんぱく質	：30.4g
脂質	：23.8g
炭水化物	：94.7g
カルシウム	：161mg
鉄	：3.4mg
食塩相当量	：3.6g

魚が苦手でも食べやすい！マスタード焼き
サワラのマスタード焼き

ビタミンD豊富

材料（1人前純使用量/g）

サワラ……………………80g	マヨネーズ…………小さじ2（8g）	なす………………………40g
塩・こしょう……………各少々	粒マスタード………小さじ2（10g）	サラダ油…………小さじ1/2（2g）
酒…………………小さじ1（5g）	グリーンアスパラガス…………20g	

作り方

① サワラに酒と塩を全体的にふる。
② マヨネーズと粒マスタードを混ぜ合わせる。
③ サワラに②をのせてグリルで焼く。（余熱をした両面焼きグリルの場合、6～7分）
④ アスパラは下の硬い部分を取り除いて食べやすい大きさに切る。なすは縦に半分に切り、皮目に隠し包丁（斜めまたは格子）を入れる。
⑤ ④にサラダ油をまぶし塩、こしょうで調味し、魚とともにグリルで焼く。（なすは魚と同じ時間。アスパラは3分程度でよいので、先に取り出すか、時間差をつけてグリルに入れる。）

料理の特徴

マヨネーズと粒マスタードで焼き上げることで、お子さんや魚が苦手な方でも食べやすい一品です。グリルで焼くとこんがり仕上がりますが、フライパンにクッキングシートを敷き、ふたをして蒸し焼きにしても良いです。

一口メモ

マヨネーズと粒マスタードのソースは、鶏肉や豚肉、ふかしいもなど様々な食材に合うのでアレンジできます！

料理単品のエネルギー・栄養価総量（1人分）

エネルギー：212kcal　たんぱく質：17.6g　脂質：12.8g　炭水化物：3.7g
カルシウム：31mg　鉄：1mg　食塩相当量：1.4g　ビタミンD：5.6μg

熱に強いビタミンCを含むコスパの良いじゃがいもを食べよう
じゃがいものコンソメ煮

材料（1人前純使用量/g）

じゃがいも………50g	おろし生姜………0.5g
にんじん…………10g	水‥カップ1/2（100g）
玉ねぎ……………20g	コンソメ（顆粒）…0.5g
オリーブオイル……1g	塩…………………0.5g
おろしにんにく…0.5g	むき枝豆…………5g

作り方

① じゃがいもとにんじんは皮をむき、食べやすい大きさに、玉ねぎは薄くスライスする。
② 鍋にオリーブオイルをひいて、①とにんにく、生姜を炒める。
③ ②の鍋に水を入れて、沸騰したら調味料を入れる。
④ 全体的に火が通ったら、器に盛り付ける。
⑤ ゆでて、さやからはずしておいた枝豆をトッピングする。

料理の特徴

シンプルにコンソメで味付けしたので、どんな献立にも合います。

一口メモ

じゃがいもはしっとりしたメークイン、ほくほくした男爵が代表的ですが、甘みの強い北あかり、栗のように濃厚なインカのめざめなど、特徴ある品種がたくさんあります。好みのじゃがいもを見つけてみてください。

料理単品のエネルギー・栄養価総量（1人分）

エネルギー：68kcal　たんぱく質：1.8g　脂質：1.5g
炭水化物：12.3g　カルシウム：13mg　鉄：0.3mg　食塩相当量：0.7g

和を感じるやさしい甘さのヨーグルト
甘酒フルーツヨーグルト

材料（1人前純使用量/g）

プレーンヨーグルト‥70g　　好みの果物………適量
ノンアルコール甘酒‥30g

作り方

① 分量のヨーグルトと甘酒を混ぜ合わせる。
② 器に盛り付け、好みのフルーツをトッピングする。

料理の特徴

甘酒のやさしい甘さが感じられるヨーグルトです。フルーツは、バナナやオレンジ、いちごなどお好みでアレンジできます！混ぜるだけなので、お子さんと一緒に作っても良いですね。

一口メモ

甘酒はこうじから作られたノンアルコールのもの、ヨーグルトは砂糖不使用のプレーンなものを使うのがおすすめです。

料理単品のエネルギー・栄養価総量（1人分）

エネルギー：74kcal　たんぱく質：3.1g
脂質：2.1g　炭水化物：10.8g
カルシウム：86mg　鉄：0mg
食塩相当量：0.1g

通常練習期

ピリ辛が食欲をそそる！ごま坦々牛丼献立

ピリ辛のひき肉で、ご飯がすすむこと間違いなし！たまごをくずして食べることで、味がまろやかになり一品で二度楽しむことができます。丼メニューはご飯をたっぷり食べることができるのでおすすめです。

MENU
- ごま坦々牛丼
- 中華風あんかけ豆腐
- 大根サラダ
- わかめスープ

中華風あんかけ豆腐

ごま坦々牛丼

献立全体のエネルギー・栄養価総量（1人分）
エネルギー ：762kcal
たんぱく質 ：32.2g
脂質 ：30.2g
炭水化物 ：85.8g
カルシウム ：240mg
鉄 ：5.5mg
食塩相当量 ：5.7g

ご飯をいっぱい食べたい時に！
ごま坦々牛丼

`鉄分豊富` `高たんぱく質`

材料（1人前純使用量/g）

米·················· 80g	B 白みそ········ 小さじ1弱（5g）	ほうれん草············· 50g
牛ひき肉············· 60g	砂糖············ 小さじ1（3g）	おろし生姜············· 2g
長ねぎ··············· 10g	テンメンジャン 小さじ1/2（3g）	塩・こしょう··········· 0.1g
A おろし生姜········ 2g	豆板醤········ 小さじ1/3（2g）	ごま油················ 1g
おろしにんにく····· 2g	しょうゆ···················· 1g	卵··················· 50g
サラダ油··········· 1g	白ねりごま···· 小さじ1/2（3g）	
ごま油············· 1g	白すりごま···· 小さじ1（5g）	
	山椒···················· 0.1g	

作り方

① 長ねぎはみじん切り、ほうれん草は5cm幅にカットする。
② フライパンにAを入れて熱し、牛ひき肉と長ねぎを炒める。
③ Bを混ぜて味を調整し、②に加え炒める。
④ 別のフライパンにおろし生姜、ごま油を熱し、ほうれん草を炒め、塩、こしょうで味を付ける。
⑤ 目玉焼きを作る。（できれば半熟に。）
⑥ どんぶりにご飯を盛り付け、ほうれん草を全体に敷き、中央にくぼみをつけて、ひき肉を盛り半熟の目玉焼きをのせる。

料理の特徴

高価なイメージのある牛肉ですが、ひき肉を使用することで安価に仕上げました。そぼろにすると火が通りやすいので、時短にもなります。

一口メモ

肉みそはご飯だけでなく、うどんやラーメンにのせてもおいしく召し上がれます。辛さは山椒を増やすことでピリッと、辛さが苦手な方は豆板醤を控えめにしてください。

料理単品のエネルギー・栄養価総量（1人分）
エネルギー：651kcal　たんぱく質：25.3g　脂質：26.8g　炭水化物：73.0g
カルシウム：149mg　鉄：4.8mg　食塩相当量：1.8g

豆腐料理のバリエーションを増やそう！
中華風あんかけ豆腐

材料（1人前純使用量/g）

木綿豆腐············· 50g	A 水················ 50ml
カニかまスティック····· 15g	鶏ガラスープの素·· 2g
おろし生姜·········· 0.5g	酒················· 3g
ごま油··············· 1g	塩················ 0.3g
片栗粉······ 小さじ1（3g）	こしょう·········· 0.01g
水······ 小さじ2（10g）	しょうゆ············ 1g
小ねぎ··············· 3g	

作り方

① 豆腐は1個付けになるようにカット、カニかまは半分の長さにカットしてほぐす。小ねぎは小口切りにする。
② 豆腐は厚手のキッチンペーパー（2枚重ね）でしっかりと包み500wの電子レンジで3分加熱し水切りしておく。
③ ごま油におろし生姜を入れて熱し、カニかまを炒め、Aを加え煮立たせる。
④ 片栗粉でとろみをつける。
⑤ 豆腐にあんをかけ、小ねぎをちらす。

料理の特徴

あんは豆腐にかけるとゆるくなりやすいので、やや固めに仕上げます。

一口メモ

ごま油と鶏ガラをサラダ油とかつおだしに変えて和風あんに、カニかまを海老やひき肉に変えてもOK！

料理単品のエネルギー・栄養価総量（1人分）
エネルギー：78kcal　たんぱく質：5.6g　脂質：3.2g　炭水化物：5.5g
カルシウム：63mg　鉄：0.5mg　食塩相当量：1.9g

ご飯がすすむ！照り焼きつくねと含め煮の献立

ご飯のすすむ主菜に、カルシウムや鉄の摂取が期待できる副菜をあわせた栄養密度が高くなるよう考えた献立です。副菜だけでなく、主菜・汁物にも野菜を入れて、野菜の摂取量も確保できるようにしています。

MENU
- ご飯
- 照り焼きつくね
- 大根とアサリの含め煮
- けんちん汁
- 小松菜ゆずこしょう和え
- バナナごまミルク

大根とアサリの含め煮

照り焼きつくね

献立全体のエネルギー・栄養価総量（1人分）

エネルギー	：752kcal
たんぱく質	：43.7g
脂質	：16g
炭水化物	：103.5g
カルシウム	：487mg
鉄	：14mg
食塩相当量	：6.7g

やわらかくてジューシー
照り焼きつくね（ひじき・オクラ入り）

材料（1人前純使用量/g）

鶏むねひき肉	80g	
長いも	20g	
オクラ	15g	
ひじき（乾燥）	0.5g	
塩・こしょう	少々	
卵	12g	
酒	小さじ1/2（2g）	
生姜（チューブ）	2g	
片栗粉	9g	
サラダ油	2g	
小ねぎ	1g	
A 濃口しょうゆ	小さじ1弱（5g）	
みりん	小さじ1弱（5g）	
砂糖	1g	
酢	1g	
水	小さじ2（10ml）	
片栗粉	0.5g	

作り方
① 長いもは皮を剥き、粗みじん切りにする。
② ひじきは水で戻し、みじん切りにする。
③ オクラはへたを取り塩もみし、水で流してから、3mmぐらいの輪切りにする。
④ ボールに鶏挽肉、長芋、オクラ、ひじきを入れ、塩、こしょう、片栗粉、卵、酒、生姜を入れて、よくこねる。
⑤ 生地ができたら、2つに分け、小判型に成型する。
⑥ ⑤を、油を引いたフライパンで表面がきつね色が付く程度に両面を焼く。
⑦ Aを混ぜてソースを作り、つくねが入ったフライパンに入れて絡め照り付けする。
⑧ 食器に盛りつけて、つくねの上に小ねぎをかける。

料理の特徴
ひじきで鉄分補給を、オクラでたんぱく質の吸収をサポートするという効果を狙った一品です。

一口メモ
具材は、ひじきの煮物やきんぴらごぼうなど残り物を使えばリメイクも簡単。アレンジが豊富です！

料理単品のエネルギー・栄養価総量（1人分）
エネルギー：224kcal　たんぱく質：19.3g
脂質：7.8g　炭水化物：16g　カルシウム：34mg
鉄：0.8mg　食塩相当量：1.4g

ビタミンB₁₂豊富なアサリで貧血予防！
大根とアサリの含め煮

`ビタミンB12豊富` `鉄分豊富`

材料（1人前純使用量/g）
アサリ（水煮・缶）	25g
大根	60g
A 濃口しょうゆ	小さじ1弱（4g）
みりん	1g
酒	1g
かつおだし（顆粒）	1g
水	カップ1/2弱（80g）
葉大根	1g

作り方
① 大根を一口大の乱切りにカットし、竹串がスッと入る程度に水から下ゆでする。
② Aの調味料を混ぜ合わせる。
③ 鍋に下ゆでした大根、アサリ、②を入れ、落としぶたをして弱火で煮る。
④ 大根に味が付いたら、アサリを加えて、アサリに火を通す。
⑤ 大根の葉はゆでて、粗みじんに切る。
⑥ 器に④を盛りつけ、その上に⑤をのせる。

料理の特徴
アサリは缶詰でも、冷凍のむき身でもOK。殻つきのアサリにすると、ボリュームと豪華さが出ます。大根は下ゆでをすることによりアクやえぐみなどが取れ、味も染み込みやすくなりますので、柔らかくなるまでしっかり下ゆでしてください。小さく薄く切ると、煮込み時間を短くできます。

一口メモ
アサリは赤血球を作る上で必要な鉄分やビタミンB₁₂を多く含んでいます。貧血気味の方におすすめの食材です。大根の葉にはカルシウムが多く含まれるので、捨てずに料理に使いましょう。

料理単品のエネルギー・栄養価総量（1人分）
エネルギー：49kcal　たんぱく質：6.1g　脂質：0.7g　炭水化物：4.2g
カルシウム：51mg　鉄：9.8mg　食塩相当量：1.4g　ビタミンB₁₂：16mg

きゅうりと豚ひき肉のみそ炒め献立

調理時間が短く済む献立です。炒め物は生でも食べられる野菜を使うため、さっと炒めるだけでOK。煮物とサラダは常備菜にするのも良いでしょう。ホタテの缶詰は旨みがたっぷりなので、常備しておくと使い回しがきくのでおすすめです。煮物は旬の野菜を取り入れると栄養価も高くおすすめです。

MENU

- ご飯
- きゅうりと豚ひき肉のみそ炒め
- 大根とホタテのマヨサラダ
- かぼちゃの煮物
- みそ汁
- キウイ
- ヨーグルト

大根とホタテのマヨサラダ

きゅうりと豚ひき肉のみそ炒め

献立全体のエネルギー・栄養価総量（1人分）

エネルギー	：721kcal
たんぱく質	：29.7g
脂質	：19.6g
炭水化物	：101g
カルシウム	：219mg
鉄	：3.2mg
食塩相当量	：5.1g

食感が楽しい炒め物
きゅうりと豚ひき肉のみそ炒め

しっかり野菜

材料（1人前純使用量/g）

豚ひき肉	60g
ごま油	3g
おろしにんにく	2g
きゅうり	70g
赤パプリカ	70g
みそ	小さじ1と1/2（9g）
砂糖	小さじ1（3g）
酒	7g
めんつゆ（3倍濃縮）	7g

作り方

① きゅうりは縞模様に皮をむき一口大の乱切りにする。パプリカは種をとり、一口大の乱切りにする。
② フライパンにごま油とにんにくを入れて、弱火で香りが立つまで炒める。
③ ②に豚ひき肉を入れ、中火で炒めてそぼろ状にする。
④ ③に①のきゅうりとパプリカを入れて、さっと炒める。
⑤ ④にみそ、砂糖、酒、めんつゆを合わせた調味料を回し入れ、味を絡ませる。

料理の特徴
きゅうりとパプリカを入れてから炒めるまでに時間をかけてしまうと、シャッキリ感が無くなりますので注意してください。

一口メモ
きゅうりだけでなく、ズッキーニや他の野菜でも応用できます。色とりどりのパプリカを使用すれば、より華やかに仕上がります。

料理単品のエネルギー・栄養価総量（1人分）
エネルギー：238kcal　たんぱく質：14.1g　脂質：12.8g　炭水化物：14.6g
カルシウム：37mg　鉄：1.6mg　食塩相当量：2g

ホタテの旨みが凝縮
大根とホタテのマヨサラダ

材料（1人前純使用量/g）

大根	50g
塩	0.3g
ホタテ水煮缶（ほぐし）	20g
マヨネーズ（カロリーハーフタイプ）	8g
しそ	1枚

作り方

① 大根は皮をむいて太千切り（5mm×5mm×5cmくらい）にして、塩もみをする。
② しんなりしたら塩気がなくなるまで流水し、水分を拭いておく。
③ しそは千切りにする。
④ ボウルに②、ホタテ缶詰（缶汁ごと）、マヨネーズを加えて和える。味が薄いときは塩、こしょうを加える。
⑤ ④を皿に盛り、しそを上にのせる。

料理の特徴
和えるだけの簡単おかずサラダです。ホタテの缶汁の旨みで塩分を控えることもできます。

一口メモ
ホタテ缶をストックしておけば簡単にできるので、ちょっとしたおつまみにもなります。大人向けに黒こしょうをふると味がしまります。

料理単品のエネルギー・栄養価総量（1人分）
エネルギー：55kcal　たんぱく質：4.3g　脂質：2.9g　炭水化物：2.6g
カルシウム：25mg　鉄：0.3mg　食塩相当量：0.7g

鶏肉の唐揚げとサバ缶のみそ汁の献立

定番の唐揚げにねぎソースをかけることでバリエーションをつけたメニューです。副菜は乾物を使うことで、微量栄養素を摂りやすくしています。煮るだけではない調理法の提案です。

MENU

- ご飯
- 鶏肉の唐揚げ ねぎソース
- ひじきのマリネサラダ
- 切り干し大根のハリハリ漬け
- サバ缶のみそ汁
- オレンジ

ひじきのマリネサラダ

サバ缶のみそ汁

鶏肉の唐揚げ ねぎソース

献立全体のエネルギー・栄養価総量(1人分)

エネルギー	：770kcal
たんぱく質	：26.4g
脂質	：24.3g
炭水化物	：110g
カルシウム	：110mg
鉄	：3.6mg
食塩相当量	：3.2g

ひじきのマリネサラダ

彩りよく食べやすい微量栄養素を含むサラダです

`たっぷり食物繊維` `しっかり野菜`

通常練習期

材料（1人前純使用量/g）

玉ねぎ……20g	きゅうり……15g	A オリーブオイル……3g
こしょう……0.01g	水菜……10g	サラダ油……1.5g
ひじき……5g	トマト……20g	酢……3g
ロースハム……5g	大麦……5g	塩……0.5g

作り方

① 玉ねぎを薄切りにしてAの材料を混ぜ合わせ、玉ねぎマリネにする。（30分程度置くと玉ねぎがしんなりする。）
② 沸騰したお湯にひじきを加え、さっとゆでる。
③ 沸騰したお湯に大麦を加え4〜5分程度ゆでる。（ふっくらもちもちする程度に）
④ ハム、きゅうりは千切り、水菜は3cm、トマトは1.5cm角程度の角切りにする。
⑤ ①に②〜④を加え、混ぜ合わせる。

料理の特徴

ひじきや大麦を使った食物繊維が豊富なサラダです。マリネにすることで野菜を多く食べることができます。

一口メモ

玉ねぎのマリネは常備菜として作り置きしておくと便利です。ゆで野菜や生野菜と和えることで、いろいろなサラダにアレンジできます。ポテトサラダにも合います。

料理単品のエネルギー・栄養価総量（1人分）

エネルギー：92kcal　たんぱく質：2.3g　脂質：5.4g　炭水化物：10.5g　カルシウム：82mg
鉄：0.72mg　食塩相当量：0.86g　食物繊維：4.0g

鶏肉の唐揚げ ねぎソース

唐揚げにねぎソースをかけて食欲増進

材料（1人前純使用量/g）

鶏もも肉……60g	生姜……2g
酒……3g	にんにく……2g
塩こうじ……1g	A 酒……小さじ1/2（3g）
しょうゆ……少々（0.5g）	酢……1g
片栗粉……4g	砂糖……2g
揚げ油……4g	ごま油……2g
長ねぎ……10g	

作り方

① 鶏肉を酒、塩こうじ、しょうゆで下味をつけ、片栗粉をまぶし、揚げ油で揚げる。
② 長ねぎ、生姜、にんにくはみじん切りにして、Aの調味料を和えてソースにする。
③ ①に②を熱いうちにかけて、味を絡める。

料理の特徴

塩こうじで下味をつけると、肉が軟らかくなります。鶏むね肉で唐揚げを作る場合にもおすすめです。下味をうっすらつけているのでそのまま食べることもできます。ねぎソースが食欲を増進させ、ご飯がすすむおかずです。

一口メモ

塩こうじによる味付けは、鶏肉以外にも豚肉や魚類（タラ、サワラなど）でも活用できます。

料理単品のエネルギー・栄養価総量（1人分）

エネルギー：217kcal　たんぱく質：10.5g　脂質：14.6g
炭水化物：8g　カルシウム：9mg　鉄：0.5mg　食塩相当量：0.5g

サバ缶のみそ汁

缶詰を使って、旨みをアップ

材料（1人前純使用量/g）

サバ水煮缶……20g	
木綿豆腐……10g	
小松菜……15g	
和風だし（顆粒）……1g	
みそ……小さじ1（6g）	

作り方

① 鍋に水を入れ沸騰したら、サバ缶、豆腐を加え、ひと煮立ちしたら、小松菜を加える。
② みそ、和風だしを加えて味を調える。

料理の特徴

サバの水煮缶を使った、魚の旨みが凝縮した具たくさんみそ汁です。

一口メモ

魚料理が面倒な時は、サバ缶を使うと簡単に料理ができます。サバ缶の良いところは臭みもなく、魚の骨まで食べられることです。冷蔵庫にある野菜を使って、アレンジを楽しんでください。

料理単品のエネルギー・栄養価総量（1人分）

エネルギー：59.0kcal　たんぱく質：5.8g
脂質：3.0g　炭水化物：1.9g
カルシウム：92.0mg　鉄：1.1mg
食塩相当量：0.9g

ご飯がすすむ！スパイシーポークとサラダの献立

ビタミンB1を多く含む豚肉、鉄を多く含むアサリ、ビタミンAを多く含む緑黄色野菜を使用し、高い栄養密度を狙った献立です。主菜のスパイシーポークは、ピリ辛でご飯がすすむ味付けに仕上げ、エネルギー量の確保もしやすいメニューです。

MENU
- ご飯
- スパイシーポーク
- きのことほうれん草のサラダ
- クラムチャウダー
- グレープフルーツ

きのことほうれん草のサラダ

スパイシーポーク

献立全体のエネルギー・栄養価総量（1人分）
エネルギー ：773kcal
たんぱく質 ：38.5g
脂質 ：22.6g
炭水化物 ：103.8g
カルシウム ：4.3mg
鉄 ：186mg
食塩相当量 ：4.9g

ご飯がすすむバーベキューソース味
スパイシーポーク

`高たんぱく質` `ビタミンB1豊富`

材料（1人前純使用量/g）

豚ヒレ肉 …… 90（30g×3）	油 …… 適量
塩・こしょう …… 少々	塩 …… 適量
なす …… 1/4本	A ケチャップ …… 小さじ2（10g）
かぼちゃ …… 20g	ウスターソース …… 小さじ2/3（4g）
ブロッコリー …… 20g	しょうゆ …… 1g
赤パプリカ …… 10g	タバスコ …… 0.1g

作り方

① 豚ヒレ肉は食べやすい大きさにスライスし、包丁の裏などでたたき、やわらかくして塩、こしょうをふる。
② 調味料Aは合わせておく。
③ ①の豚ヒレ肉に②の調味液を揉み込み、オーブンシートを敷いた天板に並べる。
④ 付け合わせのなす、かぼちゃ、赤パプリカ、ブロッコリーは食べやすい大きさに切って、塩、こしょう、油をまぶし、③と一緒に天板に並べ、オーブンで焼く。
⑤ お皿に、③の豚肉、④の野菜を盛り付ける。

料理の特徴
今回は、脂質の少ないヒレ肉を使用しましたが、骨付きの部位を使うとよりバーベキュー感のある料理になります。オーブンがない場合は、油を引いたフライパンで焼いてもOKです。

一口メモ
タバスコではなく、砂糖を少々加えるとマイルドになり、辛い味が苦手な方やお子様でもおいしく召し上がることができます。

料理単品のエネルギー・栄養価総量（1人分）
エネルギー：225kcal　たんぱく質：21.9g　脂質：9.5g　炭水化物：11.7g
カルシウム：25mg　鉄：1.5mg　食塩相当量：1.5g　ビタミンB1：1.26mg

食物繊維たっぷりのきのこサラダ
きのことほうれん草のサラダ

`たっぷり食物繊維`

材料（1人前純使用量/g）

サラダほうれん草 …… 50g	にんにく（みじん切り） …… 2g
ベーコン …… 15g	塩 …… 0.3g
エリンギ …… 15g	ブラックペッパー …… 少々
しめじ …… 15g	オリーブオイル …… 4g
えのきだけ …… 20g	

作り方

① サラダほうれん草は根元を切り落とし、水でさらして4cmの長さに切る。きのこ類は石突を取って、食べやすい大きさに切り分け、ベーコンは細切りにする。
② フライパンでオリーブオイルとにんにくを炒め、香りが出たらベーコンときのこ類を炒める。
③ きのこがしんなりしてきたら、塩、ブラックペッパーで味を整える。
④ 器にサラダほうれん草を盛り、③をのせる。

料理の特徴
サラダほうれん草は生で食べることができるため、ほうれん草の栄養素をそのまま、熱に弱いビタミン類も摂ることができます。旨みたっぷりのきのこソテーと合わせると、ドレッシングなしでおいしく食べられます。

一口メモ
ほうれん草に含まれる鉄は、たんぱく質やビタミンCと一緒に摂ることで吸収率が高まります。

料理単品のエネルギー・栄養価総量（1人分）
エネルギー：88kcal　たんぱく質：5.1g　脂質：6.2g　炭水化物：5.8g
カルシウム：27mg　鉄：1.4mg　食塩相当量：0.7g　食物繊維：3.4g

通常練習期

郷土料理の瓦そばと大根餅の献立

山口県の郷土料理の瓦そばを、家庭で再現しやすくフライパンで仕上げました。外はカリカリ、中はもちもちの大根餅と野菜の甘酒和えと一緒に楽しんでください。

MENU

- **瓦そば**
- 野菜の甘酒和え
- **大根餅**
- ヨーグルト
- みかん（せとか）

大根餅

瓦そば

献立全体のエネルギー・栄養価総量（1人分）
エネルギー ：795kcal
たんぱく質 ：34.4g
脂質 ：30g
炭水化物 ：83.1g
カルシウム ：219mg
鉄 ：3.0mg
食塩相当量 ：2.7g

フライパンで簡単に！
瓦そば

`郷土料理` `高たんぱく質`

材料（1人前純使用量/g）

茶そば……………………70g	ごま油……………小さじ1/2（2g）	サラダ油……………………1g
サラダ油……………………1g	塩……………………………0.3g	レモン……………………2/10個
めんつゆ（市販品をつけつゆ用に希釈したもの）………60～90cc	こしょう……………………0.03g	もみじおろし………………30g
	卵……………………………1/2個	万能ねぎ……………………3g
牛肩ローススライス………50g	砂糖…………………………1.5g	

作り方

① フライパンに油をしき薄焼き卵を作り、細切りにしておく。
② レモンは輪切り、万能ねぎは小口に切り、牛肩ロースは一口大に切る。
③ ①と同じフライパンに油をしき、牛肉を炒め塩、こしょうをふる。
④ 茶そばをゆで、流水でしめておく。（ゆで時間は表示より短めに。5分なら3分程度。）
⑤ ②と同じフライパンに油をしき、中火で茶そばを焼き表面をパリパリにする。
⑥ めんつゆをつけ汁の希釈に薄める。つけ汁として器によそう。
⑦ 麺が焼けたらお皿に移し、錦糸卵・牛肉をのせ、さらにレモンの上にもみじおろしをのせ、万能ねぎをふる。

料理の特徴

本来は瓦や鉄板で焼くものですが、家庭ではフライパンでも調理できます。もちろん、ホットプレートを使用しても良いでしょう。

一口メモ

疲れている時は牛肉を豚肉に変更して、ビタミンB1が補給できるようにしたり、試合前は脂身の少ない部位を使用するなどアレンジしてみてください。

料理単品のエネルギー・栄養価総量（1人分）
エネルギー：566kcal　たんぱく質：29.4g　脂質：21.1g
炭水化物：50.2g　カルシウム：31mg　鉄：1.1mg
食塩相当量：2.0g（注：つけつゆ90ccを使い6割が口に入ったとして計算）

外はカリカリ中はもちもち！
大根餅

材料（1人前純使用量/g）

大根…………………………50g	桜海老………………………1g	水……………………………8g
サラダ油……………………2g	大葉…………………………0.25g	ごま油………………………2g
塩……………………………0.3g	小麦粉………………………10g	ポン酢………………………10g
こしょう……………………0.03g	片栗粉………………………10g	ラー油………………………3滴

作り方

① 大根を千切りに、大葉はみじん切りにする。
② フライパンを熱し油をしき、千切りにした大根をしんなりするまで炒め、塩、こしょうをふる。
③ ボウルに②と桜海老、大葉、小麦粉、片栗粉、水を加えて、よく混ぜる。
④ ②のフライパンにごま油をしき、③を入れ、平べったい形で両面焼く。（生地を一口大に落として、食べやすい大きさで焼いても良い。）
⑤ ⑤④をお皿に盛り、お好みでポン酢とラー油を付けて食べる。

料理の特徴

大根はおろして、あるいは、水で戻した切り干し大根に変えて粉類と混ぜて焼いてもOKです。生地が、ホットケーキ生地程度になるように、加える水分は調整してください。

一口メモ

補給した栄養素を生地に混ぜる食材で変えることができます。今回加えた桜海老やごまはカルシウムが、アサリ缶を入れると鉄が補給できる1品になります。

料理単品のエネルギー・栄養価総量（1人分）
エネルギー：144kcal　たんぱく質：1.7g　脂質：7.2g　炭水化物：17.4g
カルシウム：31mg　鉄：0.3mg　食塩相当量：0.3g

ブリとレンコンの甘みそ炒めとコロコロサラダの献立

鉄分の多いブリは貧血予防に最適です。いも料理を加えることで運動のエネルギー源となる炭水化物をしっかり摂ることができます。大根と豚肉の生姜スープは豚肉のビタミンB1が疲労回復を促し、生姜は体を温める効果が期待できます。

MENU

- ご飯
- ブリとレンコンの甘みそ炒め
- さつまいものコロコロサラダ
- 大根と豚肉の生姜スープ
- ブロッコリーとベーコンのガーリックソテー
- オレンジ
- ヨーグルト

さつまいもの
コロコロサラダ

ブリとレンコンの
甘みそ炒め

献立全体のエネルギー・栄養価総量（1人分）

エネルギー	:776kcal
たんぱく質	:26.7g
脂質	:24.8g
炭水化物	:110g
カルシウム	:205mg
鉄	:2.6mg
食塩相当量	:2.9g

甘みそだれでご飯がすすみます
ブリとレンコンの甘みそ炒め

`高たんぱく質`

材料（1人前純使用量/g）

ブリ……………………… 60g	片栗粉………………… 0.5g	砂糖…………………… 4g
レンコン……………… 50g	A 酒……………………… 3g	みそ…………………… 9g
塩……………………… 0.1g	みりん………………… 3g	水……………………… 9g
酒……………………… 1g	オイスターソース …… 3g	油……………………… 適量

作り方

① ブリは食べやすい大きさのぶつ切りにし、酒・塩味をつけて片栗粉をまぶす。
② レンコンは食べやすい大きさに切り、水にさらしておく。
③ 油をひき、ブリとレンコンを炒める。
④ ブリに火が通ったら、合わせておいたAを入れてさらに炒める。

料理の特徴

レンコンの固さが気になる場合は、先に下ゆでしておきます。
煮詰まりそうなときは水を足しましょう。

一口メモ

甘みそだれにすることで、ちょっと魚が苦手な人も食べやすい1品です。レンコン以外にも、その時期の旬の食材や冷蔵庫にある半端な食材でも代用できます。

料理単品のエネルギー・栄養価総量（1人分）
エネルギー：232kcal　たんぱく質：14.7g　脂質：10.9g　炭水化物：16.9g
カルシウム：31mg　鉄：1.3mg　食塩相当量：1.7g

混ぜるだけの簡単調理
さつまいものコロコロサラダ

材料（1人前純使用量/g）

さつまいも …………… 70g	ヨーグルト …………… 7g	
アーモンド …………… 2g	塩 …………………… 0.1g	
マヨネーズ …………… 6g	こしょう …………… 0.1g	

作り方

① さつまいもは皮つきのまま1cm角に切り、水を張ったボウルに5分さらし水気を切る。
② アーモンドはローストして砕いておく。
③ 鍋にさつまいもを入れ、かぶるくらいの水を入れ、塩をひとつまみ入れて柔らかくなるまでゆでる。
④ ゆであがったら水気を切りボウルに入れて、アーモンドとマヨネーズ、ヨーグルト、塩、こしょうで和える。

料理の特徴

混ぜるだけで簡単に1品ができ上がります。アーモンドの代わりにピーナッツやクルミでもおいしいです。りんごを加えるとさらにさっぱりとした味になります。

一口メモ

マヨネーズとヨーグルトを混ぜて使用することで、マヨネーズのみの使用よりエネルギーを45kcal減らすことができます。

料理単品のエネルギー・栄養価総量（1人分）
エネルギー：156kcal　たんぱく質：1.4g　脂質：6.2g　炭水化物：24.2g
カルシウム：41mg　鉄：0.5mg　食塩相当量：0.3g

通常練習期

おもしろ食感！唐揚げとじゃこ奴の献立

ボリュームたっぷり！サクサク食感が特徴のコーンフレークを使用した鶏の唐揚げメニューです。副菜には、カリカリじゃこをのせた冷奴を合わせ、スープは消化を助けるネバネバ食材を使用しました。揚げ物ですが、低脂肪の食材を使用し、エネルギー量をコントロールした献立に仕上げています。主菜・副菜・汁物で、それぞれ違った食感をぜひお楽しみください！

MENU

- ご飯
- 鶏ささみのクリスピーチキン
- カリカリじゃこ奴
- ねばとろ塩こうじスープ
- フルーツヨーグルト

カリカリじゃこ奴

ねばとろ塩こうじスープ

鶏ささみのクリスピーチキン

献立全体のエネルギー・栄養価総量（1人分）

エネルギー	720kcal
たんぱく質	36.2g
脂質	17.3g
炭水化物	102.4g
カルシウム	164mg
鉄	2.7mg
食塩相当量	3.3g

サクサク食感がやみつき！
鶏ささみのクリスピーチキン

高たんぱく質

材料（1人前純使用量/g）

A 鶏ささみ ……………… 80g
　しょうゆ …… 小さじ2/3（4g）
　酒 ………… 小さじ1/2弱（2g）
　おろし生姜・にんにく ‥ 各0.5g

塩、こしょう ……………… 少々
片栗粉・小麦粉‥小さじ1弱（各4g）
溶き卵 ………………… 1/3個
コーンフレーク …………… 10g

揚げ油 …………………… 適宜
キャベツ ………………… 40g
サニーレタス ……………… 5g
トマト …………………… 1/8切

作り方

① コーンフレークはビニール袋などに入れ、袋の上から押さえて細かく砕く。
② 鶏ささみは筋を取り除き、食べやすい大きさに切る。
③ ①とは別のビニール袋に調味料Aと鶏ささみを入れ、合わせた後、10分ほど冷蔵庫で味を染み込ませる。
④ ③のビニール袋に、片栗粉、小麦粉、卵を加え、袋の上から混ぜ合わせる。
⑤ 鶏肉に①のコーンフレークを衣として付け、揚げる。（フライパンに多めの油をひいて、揚げ焼きでも可。）
⑥ お皿に鶏肉を盛り、キャベツ、サニーレタス、トマトを添える。

料理の特徴

人気の唐揚げが、コーンフレークをまとい、サクサクやみつき食感に！鶏肉の中でも、鶏ささみは高たんぱく質で低脂質な部位です。そしてコーンフレークの衣でボリュームも出るので、食べ応えがあります。

一口メモ

ビニール袋を使用することで、揚げ物の面倒な工程やキッチンの汚れを解消しました。忙しくても、ささっと簡単に作れる時短レシピです。

料理単品のエネルギー・栄養価総量（1人分）

エネルギー：269kcal　たんぱく質：22.7g　脂質：10.7g　炭水化物：18.6g
カルシウム：34mg　鉄：0.9mg　食塩相当量：1.1g

いつもの冷奴にちょいのせ
カリカリじゃこ奴

材料（1人前純使用量/g）

絹豆腐 ………… 75g
しらす干し ……… 3g
ごま油 ‥ 小さじ1/2（2g）
小ねぎ …………… 3g
おろし生姜 ……… 2g
しょうゆ ‥ 小さじ1（6g）

作り方

① しらす干しは、ごま油で炒める。
② お皿に絹豆腐を盛り、①と刻んだ小ねぎ、おろし生姜をのせ、しょうゆをかける。

料理の特徴

食欲が無い時でも食べやすい冷奴は、何にでも合う万能料理です。今回は、炒めたじゃこをのせ、たんぱく質やカルシウムをアップさせました！また、じゃこは炒めることで生臭さを軽減できます。

一口メモ

小さく刻んだ野菜をドレッシングなどで和え、豆腐にのせてサラダ感覚で食べるのもおすすめです。

料理単品のエネルギー・栄養価総量（1人分）

エネルギー：71kcal　たんぱく質：5.1g　脂質：4.3g
炭水化物：2.9g　カルシウム：34mg　鉄：0.7mg
食塩相当量：1g

のどごしgood！生姜効果でぽっかぽか
ねばとろ塩こうじスープ

材料（1人前純使用量/g）

オクラ …………… 20g
もずく …………… 15g
えのきだけ ……… 10g
生姜（みじん切り）… 3g
水 ……………… 120ml
鶏ガラスープ …… 1.2g
塩こうじ ………… 2.5g
塩・こしょう ……… 少々

作り方

① オクラは小口切り、えのきは4cm長さに切る。もずくは水洗いし、食べやすい長さに切っておく。
② 鍋に湯を沸かし、①の食材を入れ軽く火を通し、みじん切りにした生姜、鶏ガラスープ、塩こうじを加え、塩、こしょうで味を調える。

料理の特徴

ねばねば食材の粘りの元となる成分は、糖とたんぱく質が結合した水溶性食物繊維の一種。スープに入れるととろみになります。体を温める作用のある生姜を入れているので、風邪予防スープとしてもおススメです。

一口メモ

ねばねば食材は、オクラやもずく以外にも、長いも、モロヘイヤ、なめこなどがあります。手に入りやすい食材で作ってみてください。

料理単品のエネルギー・栄養価総量（1人分）

エネルギー：16kcal
たんぱく質：1g　脂質：0g
炭水化物：3.9g
カルシウム：22mg
鉄：0.3mg　食塩相当量：1.1g

通常練習期

豚肉たっぷり！ラーメンサラダの献立

一味違ったおいしさの冷やしラーメンサラダ。北海道では大きな器に盛りつけて家族で分け合って食べることが多いメニューですが、野菜がたっぷりなので主食としても飽きることなく食べられます。ラーメンは細麺よりも太縮麺の方がたれが絡んでおいしく召し上がれます。

MENU
- 豚肉たっぷり！ラーメンサラダ
- はんぺんの梅じそ和え
- 冷やしふろふき大根
- りんご

はんぺんの梅じそ和え

豚肉たっぷり！ラーメンサラダ

献立全体のエネルギー・栄養価総量（1人分）
- エネルギー ：783kcal
- たんぱく質 ：35g
- 脂質 ：22.9g
- 炭水化物 ：105.2g
- カルシウム ：175mg
- 鉄 ：3.1mg
- 食塩相当量 ：4.9g

ボリューム変化は自由自在！
豚肉たっぷり！ラーメンサラダ

`郷土料理` `鉄分豊富` `高たんぱく質`

材料（1人前純使用量/g）

中華めん……………………………… 110g	きゅうり……………………………… 10g
塩……………………………………… 0.1g	もやし………………………………… 30g
ごま油………………………… 小さじ1/2（2g）	乾燥わかめ…………………………… 0.5g
豚もも肉（しゃぶしゃぶ用）………… 80g	ミニトマト…………………………… 20g
片栗粉………………………………… 適宜	A　めんつゆ（2倍濃縮）……… 小さじ1（5g）
塩・こしょう………………………… 0.1g	マヨネーズ………………… 大さじ2弱（10g）
レタス………………………………… 10g	砂糖………………………… 小さじ1/2（2g）
水菜…………………………………… 10g	白いりごま………………… 小さじ2/3（2g）
にんじん……………………………… 10g	白すりごま………………… 小さじ1/2（3g）

作り方

① 中華めんは規定より硬めにゆでて冷水で締め、ごま油と塩で下味を付ける。
② 片栗粉と塩、こしょうをビニール袋に入れてよく混ぜ合わせたところに豚肉を入れて振る。
　（豚肉に薄く片栗粉をまぶすイメージ。）
③ ②を熱湯に入れればらばらになるようにゆで、冷水にとって冷やし、ザルに上げて水気を切っておく。
④ 好みの野菜をたっぷり千切りにして、中華麺にのせる。
⑤ Aをしっかりと混ぜ合わせる。
⑥ ④に豚肉をのせて、⑤のごまだれをかける。

料理の特徴
パサつきやすい豚もも肉を片栗粉をつけてゆでることにより、つるんと食べやすくしています。

一口メモ
ラーメンサラダは北海道で人気のご当地グルメ！北海道ではごまだれ味が主流です。食べるときに、めんと野菜とドレッシングを和えます。しょうゆ味の冷やし中華のたれや梅ドレッシングなどお好みの味付けでアレンジ自在です。トッピングの野菜もお好みに合わせて変更できます。

料理単品のエネルギー・栄養価総量（1人分）
エネルギー：629kcal　たんぱく質：28.4g　脂質：21.8g　炭水化物：75.8g
カルシウム：128mg　鉄：2.2mg　食塩相当量：2.1g

食欲のない時でも食べやすい！
はんぺんの梅じそ和え

材料（1人前純使用量/g）

はんぺん……………………………… 50g
大葉…………………………………… 0.5g
梅干し………………………………… 3g
みりん………………………………… 1g
きざみのり…………………………… 0.1g

作り方
① はんぺんはコロコロにカットし、大葉は千切り、梅干しは種をとってたたき、みりんと和える。
② 大葉、梅、みりんを混ぜ合わせる。
③ ②にはんぺんを加えて合わせる。
④ きざみのりをかける。

料理の特徴
はんぺんのやわらかさと程よい塩味を生かしました。梅と青じそでさっぱりと食べやすい一品に仕上げています。

一口メモ
はんぺんは白身魚でできているのでお手軽なたんぱく質源です。生でも食べられますが、煮る、焼く、蒸す、揚げるなどどんな調理法にも合う優秀な食材です。加熱するとしぼんでしまいがちですが、弱火でかつ加熱時間を短くするとふっくらしたまま仕上げることができます。

料理単品のエネルギー・栄養価総量（1人分）
エネルギー：51kcal　たんぱく質：5.0g　脂質：0.5g　炭水化物：6.6g　カルシウム：9mg
鉄：0.3mg　食塩相当量：1.0g

通常練習期

白身魚のアーモンド焼きとレモン酢サラダの献立

かぼちゃやブロッコリーに含まれるビタミンA、ブロッコリー、レモン、オレンジに含まれるビタミンC、かぼちゃ、アーモンドに含まれるビタミンEなど、抗酸化ビタミンを意識した献立です。ハードなトレーニングは免疫力を低下させます。疲れた身体のリカバリーのためにもおすすめです。

MENU
- ご飯
- 白身魚のアーモンド焼き
- かぼちゃのガーリックソテー
- レモン酢サラダ
- キウイフルーツ＆オレンジ
- セロリとにんじんのスープ

レモン酢サラダ

白身魚のアーモンド焼き

献立全体のエネルギー・栄養価総量（1人分）
エネルギー ：747kcal
たんぱく質 ：33g
脂質 ：23.2g
炭水化物 ：101.4g
カルシウム ：142mg
鉄 ：2.3mg
食塩相当量 ：3.3g

ふっくらタラにアーモンドで香ばしさプラス！
白身魚のアーモンド焼き

材料（1人前純使用量/g）

タラ ………… 80g	小麦粉 ………… 適宜	サラダ油 ………… 適宜
塩 ………… 0.5g	溶き卵 ………… 適宜	キャベツ ………… 40g
こしょう ………… 0.2g	アーモンド ………… 15g	レモン ………… 10g
酒 ………… 1g	パン粉 ………… 3g	中濃ソース ………… 小さじ1（5g）

作り方

① タラに塩、こしょう、酒で下味を付ける。
② アーモンドを砕く。（パン粉と混ぜて少し目立つ程度）
③ 砕いたアーモンドをパン粉と混ぜる
④ タラに小麦粉、溶き卵、③の順に付ける。
⑤ フライパンに油を引き、魚を両面焼く。
⑥ 火が通ったら、お皿に盛りつけて、ソースをかける。千切りしたキャベツと輪切りレモン、ソースを添える。

料理の特徴
今回は、白身魚（タラ）を使用したレシピですが、旬の魚によって変えるのも良いと思います。また、アーモンドをクルミやピーナッツに変えると違う食感が楽しめます。

一口メモ
マダラはタラ科マダラ属の大型魚で、サケと並び北国の魚として広く一般の食卓に登場する食材です。旬は冬で、この時期は産卵に向けて、オスの白子も発達すると言われています。

料理単品のエネルギー・栄養価総量（1人分）
エネルギー：243kcal　たんぱく質：18.3g　脂質：13.1g　炭水化物：13.8g
カルシウム：78mg　鉄：0.9mg　食塩相当量：1.1g

サッパリとした口当たり
レモン酢サラダ

材料（1人前純使用量/g）

ブロッコリー ………… 30g	
玉ねぎ ………… 15g	
赤パプリカ ………… 20g	
鶏ささみ ………… 20g	
A　レモン果汁 ………… 3.5g	
穀物酢 ………… 3.5g	
オリーブオイル ………… 1g	
塩 ………… 0.5g	
黒こしょう ………… 0.2g	

作り方

① ブロッコリーは一口大程度に分ける。
② 玉ねぎは薄くスライスする。
③ 赤パプリカは約3mm幅にスライスする。
④ 沸騰した鍋に①を入れ、火が通ったら②と③を入れサッと火を通したら取り出して、粗熱をとる。
⑤ ④の鍋に鶏ささみを入れ、火が通ったら取り出し、粗熱をとる。冷めたら、食べやすい大きさに手でほぐす。
⑥ ④で冷ました野菜と鶏ささみを混ぜ合わせる。
⑦ Aを混ぜて調味液を作り、⑥に入れて具材に絡める。

料理の特徴
酸味があり、サッパリとしているので、夏の暑さで食欲が出ない時やトレーニング後の疲れたときに食べやすい料理です。

一口メモ
クエン酸はレモンなどの柑橘類や梅、お酢にも含まれています。酸でブロッコリーの色が変わりやすいので、食べる直前に和えるようにしてください。

料理単品のエネルギー・栄養価総量（1人分）
エネルギー：54kcal　たんぱく質：6.3g　脂質：1.4g　炭水化物：4.8g
カルシウム：18mg　鉄：0.5mg　食塩相当量：0.5g

とんかつとサバ缶の炊き込みご飯の献立

ちょっと手間がかかるとんかつには、せっかく出した揚げ油でもう1品！の大学いも、豆乳を使った変わり温奴、保存のきくサバ缶を入れるだけの炊き込みご飯、で手抜きに見えない献立に。とんかつは、スポーツをする子どもはロース、大人は、ももやヒレを使用すれば、分量を変えなくてもエネルギー量の差がつきやすくなります。

MENU
- サバ缶の炊き込みご飯
- とんかつ
- 豆乳温奴
- バルサミコ風大学いも
- ほうれん草とえのきの澄まし汁

バルサミコ風味 大学いも
とんかつ
豆乳温奴
サバ缶炊き込みご飯

献立全体のエネルギー・栄養価総量（1人分）
エネルギー ：797kcal
たんぱく質 ：33.9g
脂質 ：29.8g
炭水化物 ：92.6g
カルシウム ：169mg
鉄 ：3.5mg
食塩相当量 ：4.5g

みんな大好き、定番家庭料理
とんかつ

高たんぱく質 ビタミンB1豊富

通常練習期

材 料（1人前純使用量/g）

豚ロース（脂身をとったもの）‥80g	溶き卵‥‥‥‥‥‥‥適宜	トマト‥‥‥‥‥‥1/8切（25g）
塩‥‥‥‥‥‥‥‥少々	パン粉‥‥‥‥‥‥‥適宜	レモン‥‥‥‥‥‥1/10切（10g）
こしょう‥‥‥‥‥‥‥少々	サラダ油‥‥‥‥‥‥適宜	中濃ソース‥‥‥‥大さじ1（15g）
小麦粉‥‥‥‥‥‥‥適宜	キャベツ‥‥‥‥‥‥40g	

作り方

① 豚肉は赤身と脂肪の境目に包丁で切れ目を入れ、筋を切る。
② 両面に塩、こしょうをふる。
③ バッドに卵を溶きほぐす。豚肉に小麦粉を薄くまぶし、余分な小麦粉をはたく。
④ 溶き卵、パン粉の順に衣をつける。
⑤ フライパンに油を熱し（170〜180℃）、豚肉を入れて返しながら3分ほど揚げる。強火にしてさらに1分ほど揚げ、取り出して油を切る。
⑥ キャベツは千切りにして、よく洗う。
⑦ とんかつは食べやすい大きさに切って器に盛り付ける。
⑧ キャベツとレモンを添え、ソースをかける。

料理の特徴

小麦粉、卵、パン粉をつけて揚げるという、少々手間のかかる料理ですが、手付けをすることで、衣の厚みを調整できます。揚げ物が吸収する油の量は、衣の量に比例するので、薄めの衣でエネルギー低めのとんかつにできます。

一口メモ

下味にナツメグやカレー粉をきかせると一味違ったとんかつになります。スパイスを使ったとんかつは下味の塩も強めにし、ソースではなくレモンで食べるのがおすすめです。

料理単品のエネルギー・栄養価総量（1人分）
エネルギー：388kcal　たんぱく質：21.1g　脂質：23.6g　炭水化物：20.1g
カルシウム：49mg　鉄：1mg　食塩相当量：1.5g　ビタミンB1：0.68mg

サバ缶でお手軽炊き込みご飯
サバ缶炊き込みご飯

ビタミンD豊富

材 料（1人前純使用量/g）

米‥‥‥‥‥‥‥‥55g	にんじん‥‥‥‥‥‥10g	塩‥‥‥‥‥‥‥‥0.5g
サバ水煮‥‥‥‥‥‥15g	生姜‥‥‥‥‥‥‥‥3g	糸みつば‥‥‥‥‥‥適量
サバ缶汁‥‥‥‥‥‥20cc	酒‥‥‥‥‥‥‥‥‥1g	
水‥‥‥‥‥‥‥‥50g	しょうゆ‥‥‥‥‥少量（1g）	

作り方

① 米は研いでザルに上げておく。生姜とにんじんは千切り、みつばは2cm幅に切る。
② 炊飯釜に米、調味料、缶汁※と水を必要量加え、軽く混ぜる。
③ にんじん、サバ缶の身、生姜をのせて普通炊飯で炊く。
④ 炊き上がったら、サバの身をほぐしながら全体を混ぜる。
⑤ 茶碗に盛り付けたら、みつばを飾る。
　※米2合に対してサバ缶1缶（内容量180g、魚80gと汁100g）で作成。缶汁の分量の目安は1人あたり20cc。

料理の特徴

サバ缶は水煮のスープまで使って、旨みを生かします。塩分は米の重量の1%を目安にするとおいしくできます。

一口メモ

魚の缶詰は、下ごしらえなしに魚料理が作れる忙しい時にはもってこいの食材です。ビタミンD、DHA、EPAの補給にぜひ活用したいものです。

料理単品のエネルギー・栄養価総量（1人分）
エネルギー：234kcal　たんぱく質：6.7g　脂質：2.1g　炭水化物：44g
カルシウム：47mg　鉄：0.6mg　食塩相当量：0.8g　ビタミンD：1.7μg

ひと手間で豆乳のやさしい味わい温奴
豆乳温奴

電子レンジ調理

材料（1人前純使用量/g）

絹豆腐	1/4	おろし生姜	適量
豆乳	30ml	めんつゆ	適量
万能ねぎ	適量		

作り方

① 切った豆腐を耐熱容器に入れ、豆乳を注ぐ。
② ラップをして電子レンジで600W約1分30秒加熱する。
③ 万能ねぎ、おろし生姜をのせ、めんつゆをかける。

料理の特徴

豆乳を加えるだけで、一味違う温奴に！レンジでチンするだけなので、今日のご飯に何かもう一品、という時に手軽に作れます。

一口メモ

豆乳のやさしい味わいで、心もほっと温まる一品です。お好みで、しょうゆやポン酢をかけてもおいしく食べられます。豆乳は無調整のものがおすすめです！

料理単品のエネルギー・栄養価総量（1人分）
エネルギー：48kcal　たんぱく質：3.9g　脂質：2.1g　炭水化物：3g
カルシウム：35mg　鉄：0.8mg　食塩相当量：0.9g

バルサミコ酢で薫り高い大学いも
バルサミコ風味大学いも

材料（1人前純使用量/g）

さつまいも	60g	濃口しょうゆ	少量（0.75g）
サラダ油	適量	砂糖	1.5g
バルサミコ酢	4g		

作り方

① さつまいもは大きめ一口大の大きさに乱切りにする。
② さつまいもを低め（160°）くらいの油できつね色になるまで揚げる。
③ 鍋にバルサミコ酢を入れてとろみがつくまで弱火で煮詰める。
④ とろみがついたら、砂糖、しょうゆを加えて、ひと煮立ちさせ、②のさつまいもをからめる。

料理の特徴

砂糖だけでなく、バルサミコ酢を使用することで、芳醇な香りの一風変わった大学いもに！煮詰めて絡めるだけなので、手軽に作れます。

一口メモ

余ったバルサミコ酢は、オリーブオイルと砂糖、しょうゆでドレッシングにも使えます。はちみつやレモン果汁を加え、炭酸水で割るとさっぱりとしたドリンクにもなり、意外にも多機能な調味料です。

料理単品のエネルギー・栄養価総量（1人分）
エネルギー：108kcal　たんぱく質：0.8g　脂質：1.9g　炭水化物：21.5g
カルシウム：23mg　鉄：0.4mg　食塩相当量：0.1g

2 試合期のレシピ

試合期に食べたい食事と選びたい食材
—糖質を増やす食事の工夫と気を付けたいこと—

試合期に求められる食事とは…

　強度が高い運動を行う時、身体は糖質を多くエネルギーとして使います。また身体、主に筋肉に蓄えられた糖質（筋グリコーゲン）の量が多いほど、運動を続けることができる時間が長くなることが分かっています。

　多くのスポーツの試合では、全力に近い力を一定時間維持しなければならないので、試合期の食事は糖質を多く摂ることのできる献立を第一に考えます。

　次に、緊張と興奮からくる消化・吸収の低下への対応です。消化に時間がかかる栄養素は脂質なので、脂肪分の少ない食材を、油を使う量が少ない調理方法で作った食事にします。脂質を抑えると、エネルギー量が少なくなるので、その分を補うという意味でも糖質を多く摂る必要があります。

　たんぱく質量は普段どおりで良いでしょう。ただし、たんぱく質源となる食材は、脂質も含むことが多いので、脂質が少ない種類を選ぶのがポイントです。

糖質を増やすための食事の工夫

1 主食量を増やす。
2 複数の主食を組み合わせる。
　ご飯と麺、麺とパンなど。
3 糖質の多い食材を献立に組み入れる。
　いも、かぼちゃ、春雨、マカロニなど。

試合期に控えたい料理

- 揚げ物
  天ぷら、フライ、カツ、コロッケなど。
- ルーを使った料理
  カレー、シチューなど。
- マヨネーズを使った料理
  マヨネーズ和え、マヨネーズ焼きなど。
- 食材を油通ししたり、仕上げに油を使う料理
  中華料理全般。
  ※ただし、油を少なくできればよい。
- クリームやバターを多く使った料理
  クリームパスタなど。

試合期に選びたい、たんぱく質源となる食材

- 肉類
  鶏むね肉（皮なし）、鶏ささみ、豚・牛もも、豚・牛ヒレなど。
- 魚類
  タラ、鮭（白鮭・秋鮭※）、マグロ赤身、カツオなど。※ノルウェーサーモンは脂質が多い。
- 牛乳・乳製品
  牛乳（普通脂肪・低脂肪）、ヨーグルト（普通脂肪・低脂肪・無脂肪）、カッテージチーズ。
- 卵
  鶏卵、うずらの卵。
- 大豆製品
  木綿・絹豆腐。

試合前の食事で注意したい食材

　生卵やさしみのような動物性たんぱく質源を「生」で食べないようにしましょう。その理由は、衛生面での問題を取り除き、下痢などを防ぐためです。

気を付けたい食物繊維と香辛料

　たんぱく質、脂質、炭水化物の3つのエネルギー産生栄養素以外に気を付けたいのは、食物繊維と香辛料です。

　食物繊維は糖質や脂質の吸収を緩やかにし、満腹感を促すという健康の維持・増進に良い働きがありますが、試合前ではその働きが「速やかなエネルギー補充を妨げる」「お腹が張る」などのマイナス面に変わります。

　食物繊維は、植物性食品には必ず含まれる栄養素です。その量は各食品で異なるので、

明らかに多い食材は避け、中程度に含む野菜や果物、いも類は、通常練習期に練習前の食事で試してみて、試合前の食事への取り入れの可否を考えれば良いでしょう。「じゃがいもはOKだが、さつまいもはNG」、「つぶあん、納豆はOKだが、煮豆はNG」のように、アスリートによって試合前に取り入れられるもの、避けたいものが違うのが現状です。

食物繊維が多い食材
- 精製度の低い穀物
- きのこ類
- 海藻類
- 豆類（豆腐などの加工品ではなく、豆そのもの）など。

香辛料は、食欲を増進させるために利用できる食材です。夏の食欲不振時などにうまく食事に取り入れることをおすすめします。試合前の緊張に伴う食欲不振時にも利用を検討しても良いでしょう。

食欲増進をねらった「チゲ煮と肉みそチョレギ風サラダの献立」　（→86ページ）

ただし「香り」を主とし、胃腸に刺激を与える「辛味」の利用は少量に抑えたほうが無難です。

食事の"かさ"への配慮も

食事形態にも配慮したいところです。

最初に嵩（かさ）。糖質の量を確保しようとすると、嵩が増えがちです。そのため、食材選びと調理、盛り付けの各面から嵩を減らす工夫が欠かせません。

糖質源として大切なご飯は、おにぎりにすると茶碗に盛るよりもコンパクトになります。ご飯をもっとコンパクトにしたものは餅ですね。ヨーグルトは水を切ったり、水分の少ないギリシャヨーグルトなどを選ぶとコンパクトになります。また主食と主菜を兼ねた料理にして品数を少なくする、1つのお皿に盛り込んで品数を少なく見せる、のもおすすめです。

そして食感。消化吸収の負担を軽くするには、低脂肪であることに加え、加熱や加水を十分にして柔らかく仕上げるという方法があります。

食べ飽きずに炭水化物の量を確保できるよう工夫した「肉うどんの献立」　（→84ページ）

試合前の食事の野菜類は生より加熱した物の割合を増やし、さらに、いつもより長めに加熱して柔らかく仕上げると良いでしょう。低脂肪のたんぱく質源は加熱すると固くなりがちです。でんぷんをまぶしてから加熱したり、たんぱく質組織を柔らかくする酵素を利用する方法もありますので、適宜取り入れてみてください。

家族の食事との調整方法

試合期の食事は、糖質の多い食事になっていますが、エネルギー量全体の大幅な増減はないので、家族のための食事への調整は基本的に通常練習期のレシピと同じ考え方でかまいません。

気になるようなら、付け合わせや副菜に含まれる炭水化物源（いも、かぼちゃ、ショートパスタ、春雨など）を減らし、野菜類に置き換えると良いでしょう。

麺とおにぎりなど、ダブル主食の献立の場合は、どちらか1つにするという方法でも結構です。ちなみに、糖質を制限する減量も、脂質を制限する減量もどちらも効果は同じ、と研究結果では示されています。糖質が多い食事＝太るではないので、心配は無用です。

香辛料の使い方や、盛り付けなどは、試合を控えたお子さんと応援の家族で変えていただいて大丈夫です。香辛料に関しては、調理の段階では控えめに使用し、もっと効かせたい人は食卓で追加すれば良いでしょう。盛り付けに関しても、試合を控えたお子さんの主食はおにぎりに握り、その他の家族は茶碗で食べる、という形で問題ありません。

じゃが入りチンジャオロースの中華献立

不足しがちな鉄やカルシウムなどの栄養素を食がすすむ中華献立に盛り込みました。また、ご飯をたくさん食べられない場合にも糖質がしっかり摂れるように、じゃがいも、かぼちゃ、みかんなど、糖質を多く含む食材も取り入れています。

MENU
- ご飯
- じゃが入りチンジャオロース
- チンゲン菜と桜海老の和え物
- かぼちゃのガーリック炒め
- 中華風コーンスープ
- みかん
- 牛乳寒天

チンゲン菜と桜海老の和え物

じゃが入りチンジャオロース

献立全体のエネルギー・栄養価総量（1人分）
エネルギー ：755kcal
たんぱく質 ：28.9g
脂質 ：14.8g
炭水化物 ：123.6g
カルシウム ：239mg
鉄 ：4.7mg
食塩相当量 ：3.8g

ほくほくのじゃがいもで糖質UP！

じゃが入りチンジャオロース

`鉄分豊富` `ビタミン豊富`

材料 （1人前純使用量/g）

牛もも肉（薄切り） ……… 70g	ピーマン ……… 15g
酒 ……… 5g	油 ……… 2g
塩・こしょう ……… 少々	A 砂糖 ……… 3g
片栗粉 ……… 3g	酒 ……… 7.5g
じゃがいも ……… 50g	濃口しょうゆ ……… 6g
赤パプリカ ……… 15g	オイスターソース ……… 2g

作り方

① 牛もも肉は細切りにして酒をふり、塩、こしょうで下味をつけ、片栗粉をまぶす。じゃがいも、パプリカ、ピーマンは細切りにする。
② ボウルにAを入れ、合わせ調味料を作る。
③ フライパンに油をひき、じゃがいもを炒める。じゃがいもに火が通ったら、牛もも肉を加えて炒め、赤パプリカ、ピーマンは最後に加えてさっと炒める。②の合わせ調味料を加え、全体にからめる。

料理の特徴

ご飯がすすむ人気メニューのチンジャオロース。今回はじゃがいもを加えたことで、主食以外からも糖質補給を可能にしています。また、本場の中国では、豚肉を使用するのが一般的ですが、今回は牛肉を使い鉄が多く摂れるようにしました。

一口メモ

糖質の他にもビタミンCが豊富なじゃがいも。じゃがいものビタミンCは、でんぷんに包まれているため、加熱しても失われにくい特徴があります。炒め物以外にも、ポタージュスープやみそ汁の具などにしても手軽に糖質補給できるのでおすすめです。

料理単品のエネルギー・栄養価総量（1人分）
エネルギー：221kcal　たんぱく質：15.4g　脂質：8.1g　炭水化物：18g　カルシウム：9mg
鉄：2.1mg　食塩相当量：1.5g　ビタミンB6：0.49mg　ビタミンC：55mg

簡単副菜でカルシウム補給

チンゲン菜と桜海老の和え物

`しっかり野菜`

材料 （1人前純使用量/g）

チンゲン菜 ……… 90g
桜海老 ……… 2g
A 和風顆粒だし ……… 0.3g
濃口しょうゆ ……… 小さじ1/3（2g）

作り方

① チンゲン菜を下ゆでし冷水にさらし、よく水気を絞って食べやすい大きさに切る。桜海老は、軽く乾煎りする。
② ボウルに①とAを入れてよく和える。

料理の特徴

カルシウムが豊富なチンゲン菜と桜海老を使った和え物です。

一口メモ

今回は和風の味付けにしましたが、中華和えや炒め物にしてもおいしく召し上がれます。桜海老は乾煎りするひと手間を加えることで、香りが引き立ち味わい深くなります。

料理単品のエネルギー・栄養価総量（1人分）
エネルギー：16kcal　たんぱく質：2.1g　脂質：0.2g　炭水化物：2.1g
カルシウム：131mg　鉄：1.1mg　食塩相当量：0.5g

チキンのラタトゥイユ添えと春雨ポトフの献立

野菜が苦手な方でも食べやすい献立となっています。野菜を食べやすく煮込んだり、スープに入れたりと自然に量もしっかり食べられます。野菜の具材も季節の野菜を入れて簡単にアレンジできます。

MENU
- ご飯
- チキンのラタトゥイユ添え
- 豆乳入り春雨ポトフ
- ポテトと海老のバジルサラダ
- フルーツ白玉
- 牛乳

豆乳入り春雨ポトフ

チキンのラタトゥイユ添え

献立全体のエネルギー・栄養価総量（1人分）

エネルギー	：782kcal
たんぱく質	：38.8g
脂質	：10.4g
炭水化物	：130.8g
カルシウム	：243mg
鉄	：3.2mg
食塩相当量	：2.7g

お肉と一緒に野菜もとれる一品!!
チキンのラタトゥイユ添え

`高たんぱく質` `しっかり野菜` `ビタミンC豊富`

材料 （1人前純使用量/g）

鶏むね肉	80g	塩	少量
なす	20g	こしょう	少量
玉ねぎ	20g	オリーブオイル	2g
ズッキーニ	20g	油	適量
トマトソース	20g	ブロッコリー	20g
ケチャップ	7g	コーン	10g

作り方

① 野菜を適当な大きさに切る。鍋にオリーブオイルをしき、野菜を弱火でゆっくり炒め、塩で調味する。
② トマトソースを入れて弱火で煮る。
③ 途中何回か混ぜ、水分がなくなり野菜が柔らかくなったら、ケチャップと塩、こしょうで味を調える。
④ フライパンに油を入れて、鶏肉をソテーする。
⑤ ソテーした鶏肉の上に③をのせる。
⑥ ゆでたブロッコリーとコーンを付け合わせに盛る。

料理の特徴
ラタトゥイユは、最初に野菜を塩でゆっくり炒めると野菜の旨みがでておいしくなります！さっぱりとした鶏肉と一緒に食べるとお肉も食べやすくなります。

一口メモ
ラタトゥイユは多めに作っておくと、オムレツの材料になったり水でのばせばスープにもなります！

料理単品のエネルギー・栄養価総量（1人分）
エネルギー：160kcal　たんぱく質：20.4g　脂質：3.5g　炭水化物：11.6g
カルシウム：29mg　鉄：0.9mg　食塩相当量：0.9g　ビタミンC：34mg

優しい味で心も体もホッコリ
豆乳入り春雨ポトフ

`しっかり野菜`

材料 （1人前純使用量/g）

キャベツ	30g	春雨	7g
玉ねぎ	20g	豆乳	30g
にんじん	30g	塩	少量
ウインナー	10g	こしょう	少量
水	適量	コンソメ（顆粒）	2g

作り方

① キャベツは1cm幅、玉ねぎはくし切り、にんじんは小さめの乱切りに切る。
② 鍋に適量の水と①とウインナー、コンソメを入れ、具材に火が通るまで煮込む。
③ 適当な大きさに切った春雨を入れる。
④ 春雨が柔らかくなったら、豆乳を入れ、塩、こしょうを入れて味を調える。

料理の特徴
豆乳の苦手な方にもおすすめのスープです。野菜のエキスでしっかりおいしくいただけます。

一口メモ
野菜は何でもOK。旬の野菜や冷蔵庫にある残りの野菜を入れて、アレンジしてください。

料理単品のエネルギー・栄養価総量（1人分）
エネルギー：106kcal　たんぱく質：3.2g　脂質：4.1g　炭水化物：14.6g
カルシウム：41mg　鉄：0.7mg　食塩相当量：1.3g

ゆで豚とパプリカの甘酢ソースとほうれん草ポタージュの献立

主菜の豚肉には炭水化物を効率よくエネルギーに変えるビタミンB1が豊富なので、速やかに疲労回復を図りたい試合期には最適な1品です。いも料理を加えることで、炭水化物もしっかり補給し、ポタージュをほうれん草入りにすることで鉄分補給も担います。

MENU
- ご飯
- **ゆで豚とパプリカの甘酢ソース**
- 豆腐田楽
- 長いもと卵のグラタン
- **ほうれん草のポタージュ**
- グレープフルーツ
- ヨーグルト

ほうれん草のポタージュ

ゆで豚とパプリカの甘酢ソース

献立全体のエネルギー・栄養価総量（1人分）
エネルギー ：782kcal
たんぱく質 ：36.6g
脂質 ：25.1g
炭水化物 ：103.5g
カルシウム ：384mg
鉄 ：3.8mg
食塩相当量 ：4.6g

甘酢あんが後引くおいしさ
ゆで豚とパプリカの甘酢ソース

ビタミンB1 豊富

試合期

材料（1人前純使用量/g）

豚もも肉 …………… 60g	赤ピーマン …………… 5g	濃口しょうゆ …………… 10g
酒 …………………… 9g	油 ………………………… 2g	砂糖 ……………………… 10g
塩 ………………… 0.1g	A 中華だし ………………… 1g	片栗粉 …………………… 2g
ねぎ（青い部分）…… 1本分	水 …………………… 120ml	水 ………………………… 2g
玉ねぎ ……………… 20g	ケチャップ ……………… 5g	
青ピーマン ………… 5g	酢 ………………………… 5g	

作り方

① 鍋にブロックの豚肉が被るくらいの湯を沸かして、豚肉、ねぎの青い部分、酒、塩を入れる。
② 沸騰したらアクを取り、弱火で30分くらいゆでる。
③ 竹串を刺して、赤い汁が出なくなるまでゆでる。
④ フライパンに油を熱し、玉ねぎ、赤ピーマン、青ピーマンを炒める。
⑤ 火が通ってきたら、合わせたAを加え混ぜ、水溶き片栗粉でとろみをつける。
⑥ 食べやすい大きさに豚肉を切り、⑤のあんをかける。

料理の特徴
ケチャップの旨みと酸味のきいた甘酢あんで、ご飯がしっかり食べられます。

一口メモ
甘酢あんは、鶏肉や魚にも合います。

料理単品のエネルギー・栄養価総量（1人分）
エネルギー：178kcal　たんぱく質：14.2g　脂質：5.6g　炭水化物：17g
カルシウム：12mg　鉄：0.6mg　食塩相当量：2.3g　ビタミンB1：0.58mg

ほうれん草の栄養を無駄なく摂れる風味豊かなスープ
ほうれん草のポタージュ

材料（1人前純使用量/g）

ほうれん草 ………… 38g	洋風だし（顆粒）……… 0.5g	生クリーム …………… 1.5g
バター ……………… 1g	牛乳 …………………… 35g	熱湯 …………………… 75ml
玉ねぎ ……………… 8g	塩 ……………………… 0.3g	
薄力粉 ……………… 1.5g	こしょう ……………… 少々	

作り方

① ほうれん草は柔らかくゆでてから水にとり、絞ってから2cm幅に切って葉先と軸に分ける。玉ねぎはみじん切りにする。
② 熱したフライパンにバターをしき、玉ねぎを色づけないように炒め、小麦粉を混ぜる。
③ お湯に洋風だしの3/4量を少しずつ加え、混ぜながら煮立たせて、ほうれん草の軸と牛乳を加える。
④ 少し煮詰まったら、ほうれん草の葉先を加えてミキサーにかけてから、こす。
⑤ ④を鍋に戻して弱火にかけ、残りのお湯と洋風だしを加え、塩、こしょうで調味し、火を止めてから生クリームを加える。

料理の特徴
具材をミキサーにかけて、ペースト状になったものを冷凍しておくと簡単に鉄とカルシウムの摂れる料理になります。

一口メモ
ペースト状になったものを冷凍するときには、1回分、1人分に分けておくと時間がないときに便利です。

料理単品のエネルギー・栄養価総量（1人分）
エネルギー：53kcal　たんぱく質：2.2g　脂質：3g　炭水化物：4.8g
カルシウム：61mg　鉄：0.8mg　食塩相当量：0.3g

鶏肉とブロッコリーのオーブン焼きと豆乳茶碗蒸しの献立

試合前ということで、主菜と副菜に炭水化物源を組み合わせた献立にしています。試合前は気付かぬうちに緊張しているので、野菜も消化の良い温野菜にしています。

MENU

- ご飯
- 鶏とブロッコリーのオーブン焼き
- 豆乳茶碗蒸し
- かぼちゃのサラダ ヨーグルトドレッシング
- にゅうめん
- いちご

豆乳茶碗蒸し

かぼちゃのサラダ ヨーグルトドレッシング

鶏肉とブロッコリーのオーブン焼き

献立全体のエネルギー・栄養価総量（1人分）

エネルギー	：730kcal
たんぱく質	：32.2g
脂質	：23.4g
炭水化物	：93.1g
カルシウム	：144mg
鉄	：3.9mg
食塩相当量	：2.6g

オーブンに入れて焼くだけ
鶏肉とブロッコリーのオーブン焼き

ビタミンC豊富

材料（1人前純使用量/g）

鶏もも肉 …… 60g	塩 …… 0.3g	ブロッコリー …… 30g	ピザチーズ …… 5g
酒 …… 2g	こしょう …… 少々	じゃがいも …… 30g	

作り方
① じゃがいもは乱切りにして、電子レンジで加熱する。ブロッコリーは小房に切る。
② 鶏肉は一口大に切り、酒、塩、こしょうで下味をつける。
③ 耐熱容器に①、②を並べ、アルミホイルでふたをして、180度に温めたオーブンに入れ12分程度加熱する。
④ 火が通っていればピザチーズをのせ、焼き色がつくまで加熱する。

料理の特徴
試合前には炭水化物を補給したいので、じゃがいもを使っています。耐熱容器でオーブンに入れておくだけで、簡単に作ることができます。

一口メモ
オーブンがない場合はトースターや魚焼きグリルでも作れます。お肉が焦げないようにするためにアルミホイルでふたをし、蒸し焼きにしています。

料理単品のエネルギー・栄養価総量（1人分）
エネルギー：204kcal　たんぱく質：13.3g　脂質：12.9g　炭水化物：7g
カルシウム：49mg　鉄：1mg　食塩相当量：0.5g　ビタミンC：47mg

試合前の緊張感を和らげる茶碗蒸し
豆乳茶碗蒸し

材料（1人前純使用量/g）

卵 …… 25g	かまぼこ …… 5g		
豆乳 …… 100g	しいたけ …… 10g		
白だし …… 1g	みつば …… 3g		
鶏ささみ …… 15g			

作り方
① 鶏ささみは筋がある場合は筋をとり、そぎ切りにする。
② かまぼこはいちょうの薄切り、しいたけは4等分、みつばはざく切りにする。
③ ボウルに卵を解きほぐし、豆乳を加え混ぜ合わせる。
④ ③をこす。
⑤ 耐熱容器に①、②、③の順で入れ、アルミホイルでふたをして、蒸し器で10分蒸す。

料理の特徴
豆乳を使うことでまろやかな口当たりに仕上げています。豆乳料理を作るのが手間だったり、なかなか作れない時でも豆乳を使うことで手軽に大豆製品を使うことができます。

一口メモ
試合前は、気付かぬうちに緊張していて食欲が出ません。緊張でお腹を下しやすい時や疲れている時におすすめの一品です。冬はできたてアツアツ、夏は冷やして食べてもおいしく食べられます。蒸し器がない場合は鍋に2～3cmのお湯を張り、器を入れて弱火で加熱しましょう。

料理単品のエネルギー・栄養価総量（1人分）
エネルギー：108kcal　たんぱく質：11.3g　脂質：4.8g
炭水化物：4.4g　カルシウム：32mg　鉄：1.8mg　食塩相当量：0.2g

ドレッシングをヨーグルトにすることでさっぱりサラダ
かぼちゃのサラダ ヨーグルトドレッシング

材料（1人前純使用量/g）

かぼちゃ …… 50g	らっきょう甘酢漬け …… 5g	マヨネーズ …… 6g	こしょう …… 少々
きゅうり …… 30g	ヨーグルト …… 10g	塩 …… 0.2g	

作り方
① かぼちゃは種をとり、乱切りにし、電子レンジで加熱して、粗熱をとる。
② きゅうりは乱切り、らっきょうはみじん切りにする。
③ ボウルにヨーグルト、マヨネーズ、塩、こしょうを混ぜ合わせ、①、②を加え、混ぜ合わせる。

料理の特徴
和えごろもは、マヨネーズと一緒にヨーグルトを使うことでさっぱりとしたサラダに。かぼちゃ、乱切りきゅうり、らっきょうの食感がアクセントとなり、かぼちゃが苦手な男子にもおすすめです!!

一口メモ
ヨーグルトとマヨネーズの割合は酸味が苦手な方は1:1程度で調整しましょう。

料理単品のエネルギー・栄養価総量（1人分）
エネルギー：83kcal　たんぱく質：1.6g　脂質：4.9g　炭水化物：8.6g
カルシウム：31mg　鉄：0.4mg　食塩相当量：0.4g

試合期

豚肉のにんにくみそ丼と甘酒ドレッシングサラダ

炭水化物を多く摂れるような、ご飯がすすむ丼の献立です。酢飯にすることで、筋肉へのグリコーゲンの貯蔵を後押しします。サラダは温野菜にして、消化吸収しやすい形に。ドレッシングには甘酒を使用し、自然な甘さに仕上げています。

MENU

- 酢飯でさっぱり豚肉のにんにくみそ丼
- 甘酒ドレッシングのサラダ
- すまし汁
- 低脂肪牛乳
- グレープフルーツ

甘酒ドレッシングのサラダ

酢飯でさっぱり豚肉のにんにくみそ丼

献立全体のエネルギー・栄養価総量（1人分）

エネルギー	：708kcal
たんぱく質	：29.3g
脂質	：18.6g
炭水化物	：99.9g
カルシウム	：337mg
鉄	：2.5mg
食塩相当量	：4.2g

こってりみそ味を酢でさっぱり仕上げました
酢飯でさっぱり豚肉のにんにくみそ丼

材料（1人前純使用量/g）

米 ··················· 70g	おろしにんにく ············ 1g	砂糖 ············ 小さじ2（6g）
すし酢 ················· 7g	おろし生姜 ··············· 1g	しょうゆ ······· 小さじ1/3（2g）
豚もも肉（スライス）····· 60g	白みそ ················· 10g	リーフレタス ············· 10g
玉ねぎ ················ 30g	みりん ········ 小さじ2（12g）	水菜 ··················· 10g
サラダ油 ······ 小さじ1（4g）	酒 ············ 小さじ2（10g）	万能ねぎ ················· 1g

作り方

① 水菜、リーフレタスは3cm幅くらいに切る。万能ねぎは小口切りにする。
② 炊いたご飯にすし酢を混ぜておく。玉ねぎは5mmにスライスする。豚肉は一口大に切っておく。
③ フライパンに油をしき、生姜、にんにくを炒め香りを出し、さらに豚肉と玉ねぎを炒める。
④ 残りの調味料を入れ、味を整える。
⑤ 丼に②の酢飯をよそい、①の水菜とリーフレタスをしき、④の豚肉をのせる。
⑥ 万能ねぎをちらす。

料理の特徴

ご飯がすすむにんにくみそ味の肉がのったご飯ですが、酢飯にしてさっぱり食べられるようにしました。

一口メモ

すし酢は、ご飯3合に対して、酢大さじ4（60ml）・砂糖大さじ4（36g）・塩小さじ2（10g）の配合が目安です。酢・砂糖・塩を合わせるだけなので、自宅で作るのも簡単！さらに炊くときに昆布を入れておくと、1ランクアップのすし酢になります。

料理単品のエネルギー・栄養価総量（1人分）

エネルギー：505kcal　たんぱく質：18.5g　脂質：11.2g　炭水化物：74.2g
カルシウム：47mg　鉄：1.8mg　食塩相当量：2.1g

甘酒で簡単手作りドレッシング！
甘酒ドレッシングのサラダ

`しっかり野菜`

材料（1人前純使用量/g）

ブロッコリー ············ 30g	A オリーブオイル ···· 小さじ1強（5g）
アスパラガス ············ 10g	酢 ················ 小さじ2（10g）
にんじん ················ 5g	甘酒 ··············· 小さじ1（5g）
かぼちゃ ··············· 20g	塩 ······················· 0.3g
	こしょう ················· 0.01g

作り方

① ブロッコリー、アスパラ、にんじん、かぼちゃは一口大に切り、ゆでる。（レンジで加熱でも可。）
② ドレッシングの調味料Aをすべて合わせ、①の野菜にかける。

料理の特徴

既製品のドレッシングに飽きてきた…。そんなときに手作りドレッシングをどうぞ。調味料を合わせるだけで簡単にでき上がります。甘酒は米こうじから作られたものをご使用下さい。

一口メモ

甘酒をはちみつに変えても、おいしくお召し上がりいただけます。野菜は生野菜などお好みの野菜に変えても構いません。

料理単品のエネルギー・栄養価総量（1人分）

エネルギー：86kcal　たんぱく質：2.2g　脂質：5.3g　炭水化物：8g
カルシウム：19mg　鉄：0.5mg　食塩相当量：0.3g

試合期

チキンステーキと海老とブロッコリー炒めの献立

人気の鶏肉メニューを主菜にした献立です。消化を考慮し、鶏肉は皮無しを使用し、副菜は海老を使用して脂質を抑えています。連戦で疲れている時でもしっかり食事が摂れるように、ご飯がすすむ味付けにしています。

MENU
- ご飯
- チキンステーキ つぶつぶマスタードソース
- 海老とブロッコリー炒め
- たまごほうれん草サラダ
- コンソメスープ
- グレープフルーツ

海老とブロッコリー炒め

チキンステーキ つぶつぶマスタードソース

献立全体のエネルギー・栄養価総量（1人分）

エネルギー	：741kcal
たんぱく質	：45.7g
脂質	：18g
炭水化物	：97.8g
カルシウム	：146mg
鉄	：4.5mg
食塩相当量	：6.7g

人気のチキンソテー
チキンステーキ つぶつぶマスタードソース

高たんぱく質

材料（1人前純使用量/g）

鶏もも肉（皮なし）……100g	A ケチャップ……大さじ1と1/3（20g）
塩・こしょう……適量	ウスターソース……大さじ1/2（9g）
小麦粉……適量	粒マスタード……大さじ1/2（7.5g）
油……適量	水……大さじ2（30g）
玉ねぎ……10g	バター……3g
	じゃがいも……40g
	いんげん……20g

作り方

① 鶏肉は塩、こしょうをし、小麦粉まぶす。Aの調味料は合わせておく。付け合わせのじゃがいもは、皮をむき一口大に切り、いんげんは食べやすい長さに切る。どちらも下ゆでし、器に盛っておく。
② フライパンに油をひき熱し、鶏肉を両面焼いて取り出す。
③ ②のフライパンで薄切りにした玉ねぎを炒め、火が通ったらAを加えて煮立たせ、バターを加えて溶かす。
④ 鶏肉をフライパンに戻してソースを絡め、①の器に鶏肉を盛り付け、残りのソースをかける。

料理の特徴
鶏もも肉は皮を除くと、脂質が抑えられ、エネルギーダウン。減量中のアスリートにもおすすめのメニューです。

一口メモ
つぶつぶマスタードソースは、鶏肉以外に豚肉や白身魚でも合います。

料理単品のエネルギー・栄養価総量（1人分）
エネルギー：250kcal　たんぱく質：21.1g　脂質：9.8g　炭水化物：17.8g
カルシウム：38mg　鉄：1.5mg　食塩相当量：2.2g

カラフルな見た目で食欲増進
海老とブロッコリー炒め

材料（1人前純使用量/g）

海老……60g	A しょうゆ……小さじ2（12g）
ブロッコリー……50g	酢……大さじ1/2（8g）
パプリカ（赤）……10g	砂糖……小さじ1（4g）
きくらげ（戻した状態）……10g	おろし生姜……適量
酒……適量	塩・こしょう……適量
	ごま油……適量

作り方

① 海老は背側から切り込みを入れ背わたを取り、片栗粉（分量外）をまぶして水ですすぎ、酒と片栗粉をまぶしておく。ブロッコリーは小房に分けて下湯でする。パプリカは乱切り、きくらげは水に戻し食べやすい大きさに切る。Aの調味料は合わせておく。
② フライパンに油を中火で熱し、海老、ブロッコリーを炒める。パプリカ、きくらげを加える。
③ Aの調味料を加えたら、さらに炒め、塩、こしょうで味を調える。

料理の特徴
ご飯がすすむ副菜です。ビタミン類が補えるように、野菜の中でもビタミンが豊富なブロッコリー、パプリカを使用しています。

一口メモ
イカやホタテを加え、野菜も増やせば主菜にもなります。

料理単品のエネルギー・栄養価総量（1人分）
エネルギー：134kcal　たんぱく質：14.4g　脂質：4.5g　炭水化物：9.3g
カルシウム：59mg　鉄：1.5mg　食塩相当量：2.3g

炭水化物を効率よく摂取！肉うどんとミルク汁粉の献立

炭水化物が摂れる食材（うどん、ご飯、もち、バナナ）をふんだんに取り入れた献立です。炭水化物の摂取方法として、1つの食材をたくさん食べるやり方もありますが、種類を変えると、食べ飽きずに量を確保できます。試合に出る子どもは、うどんを1玉にするか、おにぎりを2つに増やしましょう。

MENU

- 肉うどん
- おにぎり（たらこ）
- チンゲンサイと湯葉のお浸し
- ミルク汁粉
- バナナ、ぶどう

ミルク汁粉
肉うどん

献立全体のエネルギー・栄養価総量（1人分）
- エネルギー：766kcal
- たんぱく質：30.5g
- 脂質：10.6g
- 炭水化物：129.5g
- カルシウム：161mg
- 鉄：4.8mg
- 食塩相当量：3.7g

試合前の鉄板メニュー
肉うどん

鉄分豊富

材料（1人前純使用量/g）

うどん …………………………………… 1/2玉
うどんつゆ
　だし汁 ………………………………… 150cc
　A　濃口しょうゆ ………… 小さじ1強（6.75g）
　　　本みりん ……………… 小さじ1弱（4.5g）
　　　砂糖 …………………………………… 1g
　　　塩 …………………………………… 0.4g
具材
　牛もも肉（スライス）……………………… 60g
　生姜 ……………………………………… 1g
　B　濃口しょうゆ ………… 小さじ1と1/2（9g）
　　　酒 ……………………………………… 7.5g
　　　本みりん ……………… 小さじ1と1/2（9g）
　　　水 ……………………………………… 7.5g
　　　砂糖 …………………………………… 2g
万能ねぎ …………………………………… 6g

作り方

① 牛肉は一口大に切り、さっと湯通して、アクを取っておく。鍋にBの調味料、千切りにした生姜を入れ、中火にかける。鍋肌の煮汁がふつふつと弱く沸いてきたら、牛肉を箸でほぐしながら加える。火加減はそのままで4〜5分煮る。煮汁が完全になくならず、鍋底一面に残っている状態でよい。
② だし汁にAの調味料を合わせ、煮立たせ、めんつゆを作る。
③ 生麺や乾麺ならうどんをゆで、ゆでうどんなら温めておく。麺をザルに上げて器に入れ、温めたうどんつゆを注ぐ。一度うどんを箸でほぐし、味付けした牛肉をのせる。
④ 小口に切った万能ねぎを散らす。

料理の特徴

肉うどんに使う牛肉は「こま切れ」や「切り落とし」で十分です。試合前なので、脂質の少ないももを選びましたが、他の部位の場合は、湯通しし、適度に脂を落として使用しても良いでしょう。

一口メモ

うどんつゆのの出汁や塩気は、好みで微調整してください。今回は甘辛く煮た具材を合わせるため、少し薄めにしています。
市販のめんつゆも便利ですが、「うどんの汁は、同量のしょうゆとみりんを、だしで割る」という基本を覚えておいても良いですね。
（1人前：しょうゆ小さじ2、みりん小さじ2、だし300cc）

料理単品のエネルギー・栄養価総量（1人分） | エネルギー：342kcal　たんぱく質：18.6g　脂質：6.1g　炭水化物：46.2g
カルシウム：22mg　鉄：2.3mg　食塩相当量：2.9g

ガチガチを適度な緊張感にする甘み
ミルク汁粉

材料（1人前純使用量/g）

ゆであずき缶詰 …………………………… 40g
牛乳 ……………………………………… 50g
切り餅 ………………………………… 1/2個（25g）

作り方

① 餅は一口大に切り、焼く。
② あんに牛乳を少しずつ加えて溶き、温める。
③ ②に①を入れ、器に盛り付ける。

料理の特徴

あんはつぶでもこしでもお好みで。汁粉を温めるのは鍋でも良いですが、マグカップを使って電子レンジで加熱すると手軽に1人前から作れます。

一口メモ

あんを牛乳で溶いたものは、くずや片栗粉でとろみをつけてホットドリンクに、またゼラチンを入れて冷やし固めると水羊羹風にアレンジできます。

料理単品のエネルギー・栄養価総量（1人分） | エネルギー：180kcal　たんぱく質：4.5g　脂質：2.3g　炭水化物：34.8g
カルシウム：61mg　鉄：0.5mg　食塩相当量：0.1g

食欲増進！チゲ煮と肉みそチョレギ風サラダの献立

食欲がない時でもしっかり食事が摂れるように、主菜はご飯がすすむ1品に。主菜、サラダがしっかり味がついているので、さっぱりとした酢の物を組み合わせており、味が重くなり過ぎないよう調整しています。

MENU
- ご飯
- 白身魚のチゲ煮
- 肉みそチョレギ風サラダ
- きゅうりとワカメの酢の物
- みそ汁
- キウイフルーツ

肉みそチョレギサラダ

白身魚のチゲ煮

献立全体のエネルギー・栄養価総量（1人分）

エネルギー	：732kcal
たんぱく質	：38.5g
脂質	：16.6g
炭水化物	：106.8g
カルシウム	：253mg
鉄	：2.8mg
食塩相当量	：5.8g

簡単にできるメインのおかず
白身魚のチゲ煮

材料（1人前純使用量/g）

タラ	80g	キムチの素	30g
豆腐	75g	砂糖	小さじ1弱（3g）
しめじ	25g	だし（顆粒）	2g
ニラ	20g	水	250g
春雨（乾）	5g	塩	適量

作り方

① タラ、豆腐は食べやすく切る。しめじは、石づきを切り落とし、小房に分ける。ニラは3cm幅に切り、春雨は戻しておく。
② 鍋に調味料を入れ、よく混ぜ合わせる。温まったらタラを加え、火が通ったら豆腐、しめじ、春雨も加えさらに煮込む。
③ 最後にニラを入れ火が通るまで煮る。

料理の特徴

チゲ煮の具材はアレンジ自在です。今回は、魚を使用しましたが豚肉や鶏肉に替えてもOKです。また、スープを多めに作りご飯を加えて雑炊にしても食べられます。

一口メモ

辛さは追加食材で調整を行ってみて下さい。キムチを追加すると辛味とコクが増し、コチジャンを追加すれば甘みと味が濃くなります。

料理単品のエネルギー・栄養価総量（1人分）
エネルギー：186kcal　たんぱく質：19.8g　脂質：3.6g　炭水化物：19.2g
カルシウム：65mg　鉄：1mg　食塩相当量：3.5g

ピリ辛肉みそがおいしい
肉みそチョレギサラダ

材料（1人前純使用量/g）

豚挽き肉	40g	おろし生姜	適量
A　豆板醤	2g	油	適量
テンメンジャン	2g	トマト	2/8個
しょうゆ	小さじ1/3（2g）	アスパラガス	10g
酒	小さじ1/2（2g）	リーフレタス	40g
砂糖	小さじ1（4g）		

作り方

① Aと砂糖を合わせておく。アスパラは下ゆでし、3cm程度に切っておく。トマトは串切りにし、レタスはちぎっておく。
② フライパンに油、おろし生姜を入れて中火で熱し、香りが立ってきたら、ひき肉を加えて炒める。軽く火が通ったら、①の調味料を加えて汁気がなくなるまで炒める。
③ 器にレタス、アスパラ、トマトを盛り付け、上に肉みそをのせる。

料理の特徴

ピリ辛に味付けした肉みそで野菜を食べる、野菜が苦手な人にも食べやすいサラダです。

一口メモ

肉みそは白いご飯や麺、豆腐にトッピングしても合います。

料理単品のエネルギー・栄養価総量（1人分）
エネルギー：152kcal　たんぱく質：8.7g　脂質：9.1g　炭水化物：8.8g
カルシウム：33mg　鉄：1mg　食塩相当量：0.9g

試合前に炭水化物補給！アジの香草パン粉焼の献立

ご飯、麺、いも、パン粉を組み合わせて、試合前に欠かせない炭水化物を補給できる献立です。細かいパン粉を使うと油を吸う量も少なく仕上がります。魚だけでなく鶏肉や豚ヒレ肉を使っても、パサつくことなくおいしく調理できます。ほうれん草の和え物は常備菜にもぴったりで、あと一品欲しい、というときに重宝します。

MENU
- ご飯
- アジの香草パン粉焼
- 長いもの煮物
- ほうれん草のしらす和え
- ミニにゅうめん
- グレープフルーツ
- ヨーグルト

長いもの煮物
ほうれん草のしらす和え
アジの香草パン粉焼

献立全体のエネルギー・栄養価総量(1人分)
エネルギー	788kcal
たんぱく質	41.5g
脂質	18.3g
炭水化物	113.1g
カルシウム	317mg
鉄	4.5mg
食塩相当量	5.4g

オーブントースターで簡単調理
アジの香草パン粉焼

`高たんぱく質`

材料（1人前純使用量/g）

アジ	100g	オリーブオイル	8g
塩	0.5g	ウスターソース	10g
こしょう	少々	ブロッコリー	30g
薄力粉	5g	ミニトマト	30g
卵	5g	きゅうり	10g
乾燥パン粉	8g	きゃべつ	30g
生パセリ	2g		

料理の特徴
パン粉を使うことで炭水化物量をアップすることができます。オーブントースターを使うことで、調理が苦手な方でも簡単に作ることができます。

料理単品のエネルギー・栄養価総量（1人分）
エネルギー：290kcal　たんぱく質：25.2g
脂質：12.9g　炭水化物：17.4g
カルシウム：76mg　鉄：1.8mg　食塩相当量：1.8g

作り方
① アジを三枚おろしにして塩、こしょうをふり、少し置く。水分が浮いてきたら、ふきとる。
② パセリはみじん切りにして（または乾燥パセリ0.2gを使って）、パン粉と混ぜておく。
③ ①に薄力粉、卵、②の順に付けていく。
④ アルミホイルにオリーブオイル（分量外）をぬり、③を皮目を下にしておく。さらに上からオリーブオイルをかける。
⑤ オーブントースターに④を入れ、火が通るまで加熱する。
⑥ キャベツは千切り、きゅうりはななめにスライス、ブロッコリーは小房に分けてゆでて、ミニトマトはヘタをとる。
⑦ お皿に、⑤、⑥を盛りつけ、お好みでウスターソースをかける。

一口メモ
アジの他、イワシ、鮭、カレイなどがおすすめです。パセリだけでなく色々な香草を使ったり、にんにくみじん切り、粉チーズ等を入れて、香り高く仕上げることもできます。お好みでアレンジしてみてください。

意外なおいしさと食感
長いもの煮物

材料（1人前純使用量/g）

長いも	80g	水	30g
めんつゆ（3倍濃縮）	15g	むき枝豆	10g

作り方
① 長いもは5cmくらいの筒切りにする。太いものは縦半分に切る。
② 鍋にめんつゆと水を入れ、①の長いもを入れて火にかける。
③ 竹串がすっと入るくらい火を通し、汁のまま冷ます。
④ 枝豆はゆでておく。（さやつきの場合、塩ゆでしてさやから出す。）
⑤ 小鉢に③を盛り、④をちらす。

料理の特徴
生で食べることの多い長いもですが、煮るとねっとり食感となり、量もとりやすくなります。味が染みた方がおいしいので、少し煮汁に付けてからお召し上がりください。

一口メモ
筒切りにすることで食べ応えも出ます。いも類の中ではエネルギーも低いため、普段のおかずにもおすすめです。鶏肉も一緒に煮れば主菜にもなります。

料理単品のエネルギー・栄養価総量（1人分）
エネルギー：90kcal　たんぱく質：4.2g　脂質：1g
炭水化物：16.5g　カルシウム：25mg　鉄：0.8mg　食塩相当量：1.7g

手軽にカルシウム補給
ほうれん草のしらす和え

`しっかり野菜`

材料（1人前純使用量/g）

ほうれん草	40g	濃口しょうゆ	小さじ1弱（5g）
水菜	20g	みりん	2g
しらす	5g	砂糖	2g
白いりごま	2g		

作り方
① ほうれん草と水菜は5cmくらいのざく切りにする。
② 鍋に湯をわかし、①をゆでる。ゆで上がったら水にさらして、水分を切っておく。
③ ボウルにしょうゆ、みりん、砂糖を入れて調味液を作る。
④ ③に②と、しらす、白いりごまを入れて和える。

料理の特徴
カルシウムが豊富な材料をたくさん使った和え物です。白ごまは、すりごまを使うとより香りが出ておいしく仕上がります。

一口メモ
作ってから時間をおいた方が、しらすのうまみが野菜に移ってよりおいしく召し上がれます。しらすの代わりに桜海老や焼いた油揚げなどを入れるのもおすすめです。

料理単品のエネルギー・栄養価総量（1人分）
エネルギー：50kcal　たんぱく質：3.3g　脂質：1.3g
炭水化物：7.2g　カルシウム：98mg　鉄：1.5mg　食塩相当量：1g

豚ヒレ肉のソテーとビタミン豊富なマリネとスープの献立

糖質をエネルギーに変えるときに必要なビタミンB1を豊富に含む豚ヒレ肉に、ビタミンB1の吸収を促す玉ねぎを使ったナッツ入りソースをかけ、食感も楽しめるメニューです。抗酸化機能のあるビタミンA、C、Eが豊富なカラフルマリネ、野菜スープ（ビタミンACEスープ）と一緒にお召し上がり下さい。

MENU

- 五穀米のガーリックライス
- 豚ヒレ肉のソテー オニオンナッツソース
- ブロッコリーとパプリカのカラフルマリネ
- ビタミンACEスープ
- ヨーグルト

ビタミンACE スープ

ブロッコリーとパプリカのカラフルマリネ

豚ヒレ肉のソテー オニオンナッツソース

献立全体のエネルギー・栄養価総量（1人分）

エネルギー	：667kcal
たんぱく質	：34.5g
脂質	：17.6g
炭水化物	：90.2g
カルシウム	：151mg
鉄	：2.9mg
食塩相当量	：3.7g

ビタミンB₁＋アリシンで、糖質をスムーズにエネルギーに！

豚ヒレ肉のソテー オニオンナッツソース

ビタミン豊富 **高たんぱく質**

材料（1人前純使用量/g）

豚ヒレ肉 … 90g	サラダ油 … 5g	水 … 0.5g
塩 … 0.3g	水 … 20g	レタス … 10g
こしょう … 0.1g	赤ワイン … 15g	サニーレタス … 10g
小麦粉 … 3g	しょうゆ … 小さじ1弱（5g）	にんじん … 5g
サラダ油 … 2g	みりん … 小さじ1弱（5g）	トマト … 20g
カシューナッツ … 8g	砂糖 … 0.1g	
玉ねぎ … 30g	片栗粉 … 0.5g	

作り方

① 豚肉に塩、こしょうして小麦粉をまぶす。
② フライパンにサラダ油を入れ、ヒレ肉を焼く。
③ カシューナッツを袋に入れ、麺棒などでたたき細かくする。
④ 鍋にサラダ油を入れ、みじん切りした玉ねぎをきつね色になるまで炒める。
⑤ ④に水、赤ワイン、しょうゆ、みりん、砂糖を入れ、ひと煮たちさせる。
⑥ 火を止めて⑤に水溶き片栗粉を入れ、とろみがついたら③のカシューナッツを入れてソースを作る。
⑦ レタス、サニーレタスはざく切り、にんじんは千切りにして合わせる。トマトは1/10のくし切りにする。
⑧ お皿に⑦の野菜と豚ヒレ肉を盛り付け、⑥のソースをかける。

料理の特徴

ヒレ肉なので焼いても柔らかく仕上がります。片栗粉とカシューナッツでソースにとろみがつくので、豚肉とソースがよく絡み食べやすいメニューです。

一口メモ

オニオンナッツソースは、鶏肉や豚しゃぶ、牛しゃぶにも合うので、いろいろなメニューでアレンジしてみて下さい。

料理単品のエネルギー・栄養価総量（1人分）
エネルギー：286kcal　たんぱく質：22.9g　脂質：14.2g　炭水化物：13.3g
カルシウム：26mg　鉄：1.7mg　食塩相当量：1.2g　ビタミンB₁：1.27mg　ビタミンK：30μg

見た目も鮮やかなさっぱりマリネ

ブロッコリーとパプリカのカラフルマリネ

ビタミン豊富

材料（1人前純使用量/g）

ブロッコリー … 30g	
カリフラワー … 30g	
赤パプリカ … 10g	
黄パプリカ … 10g	
玉ねぎ … 10g	
A　おろしにんにく … 1g	
酢 … 小さじ2強（12g）	
砂糖 … 6g	
塩 … 0.6g	
オリーブオイル … 2g	

作り方

① ブロッコリーとカリフラワーは小房に分ける。
② パプリカは種とへたを取って薄切りにする。
③ 玉ねぎは薄くスライスして水にさらし、ザルに上げる。
④ ブロッコリー、カリフラワーはゆでるか、耐熱皿にのせてラップをして電子レンジで加熱する。
⑤ ボウルにAを入れてマリネ液を作り、野菜を入れて漬け込む。

料理の特徴

彩り豊かなマリネで、見た目も楽しめる一品です。電子レンジを使えば調理も簡単な、時短レシピです。

一口メモ

季節に合わせていろんな野菜でできるマリネです。また、夏の暑い時期はマリネ液につけたまま冷蔵庫で冷やすと、さらに食べやすくなります。

料理単品のエネルギー・栄養価総量（1人分）
エネルギー：59kcal　たんぱく質：2.2g　脂質：2.1g　炭水化物：8.4g
カルシウム：21mg　鉄：0.4mg　食塩相当量：0.3g　ビタミンC：85mg　ビタミンK：59μg

ビタミンACEでエースをねらえ！
ビタミンACEスープ

材料（1人前純使用量/g）

かぼちゃ ……………… 20g	オリーブオイル ……… 3g	こしょう ……………… 0.1g
にんじん ……………… 10g	水 …………………… 150ml	パセリ ………………… 0.1g
じゃがいも …………… 10g	コンソメ ……………… 2g	
キャベツ ……………… 10g	塩 …………………… 0.5g	

作り方

① 野菜はすべて1cm角に切る。
② 鍋に油を入れ野菜を炒め、火が通ったら水と調味料を入れる。
③ 刻んだパセリをトッピングする。

料理の特徴

スープにすることで野菜の旨み、甘み、栄養を摂れるメニューです。

一口メモ

ビタミンAは緑や赤の色の濃い野菜全般に、ビタミンEはかぼちゃ、モロヘイヤ、かぶや大根の葉に、ビタミンCはじゃがいもやレンコンなどに含まれます。季節の野菜を組み合わせてACEを揃えたアレンジをどうぞ。

料理単品のエネルギー・栄養価総量（1人分）

エネルギー：65kcal　たんぱく質：0.9g　脂質：3.2g　炭水化物：8.2g
カルシウム：11mg　鉄：0.1mg　食塩相当量：1.4g

ジュニアアスリートは体重と身長の両方でエネルギー量を確認しよう

　ジュニアアスリートは、運動によるエネルギー消費と、日常生活によるエネルギー消費に加えて、成長のためのエネルギーが必要になります。これらを合わせたエネルギー量は少なくありません。そのため、通常練習期にしっかり食べているつもりでも、実は栄養状態が悪いことがあるので注意が必要です。（21ページ参照）

　エネルギー量の過不足は、大人の場合、体重の増減で確認しますが、ジュニアアスリートでは、体重と身長の伸びの両方で確認します。成長期は身長の伸びと同時に体重が増えるのが当然なので、体重の増加だけではエネルギーが過剰な状態かどうかの判断ができないからです。逆に、エネルギー不足の状態のときの成長期の身体は、体重を減らす前に、身長を伸ばさないことでその不足をカバーします。したがって、エネルギー不足かどうかも体重が減っていないというだけでは判断ができません。

　下記のソフトを使って、成長曲線に見合った身長の伸び[※1]、身長の伸びのピーク[※2]を見ながら、エネルギーの栄養状態を確認しましょう。

> ・成長曲線分析ソフト『ヘルスメイト』
> 　http://www.nbnh.jp/download/
>
> ・女性アスリートヘルスサポートソフト『スラリちゃん、Height!』
> 　https://www.juntendo.ac.jp/athletes/surari/

※1 成長曲線に見合うというのは、必ずしも平均近くを通る、ことではなく、平均より上や下にぶてていても、その子なりの変化になっていれば良い。
※2 男子なら11歳くらいに1年に7-8cm、女子は9-10歳くらいに6-7cm伸びます。

3 増量期のレシピ

増量したい時に食べたい食事
―エネルギーアップの3つのポイント―

アスリートの増量には"体重を増やす"という場合と、"除脂肪体重の増加"の2つの場合があります。体重に変化がなくても体脂肪量が減っていれば筋肉量が増え、増量していることになります。脂肪より筋肉のほうが重いため見た目の体重の数字に変化が無くても、除脂肪体重は増加していることになります。

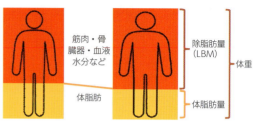

増量するためには…

増量のためのトレーニングが必要です。ここでは、増量のためのトレーニングを実施している状況として食事について説明します。

栄養状態が良ければ増量するわけではなく、「消費エネルギー＜摂取エネルギー」にすることが第一です。エネルギー摂取量が不足していると筋肉を作ることができないからです。

主食・主菜・副菜2品・乳製品・フルーツのアスリートの基本の食事を3食揃えることを意識し、その中でも炭水化物源である主食、たんぱく質源の主菜、乳製品をしっかり食べるようにしましょう。

摂取エネルギーを増やすには3食＋補食で3食では足りないエネルギーを補うことも考えましょう。補食については別途説明があります。（補食の118ページを参照）

増量するための食事のポイント

1. 炭水化物源である主食を毎食、トレーニングによって増加したエネルギー量分を増やして食べる。
2. 良質なたんぱく質を含む食材を毎食2種類以上食べる。
3. たんぱく質の吸収を促進するビタミンB6を多く含む食品を一緒に食べる。

強い筋肉を作るには…

トレーニングで消費したエネルギーを炭水化物でしっかり補い、筋肉を構成するたんぱく質をしっかり食べることがポイントになります。たんぱく質も鶏肉だけという単品ではなく、鶏肉＋チーズ、豚肉＋豆腐など複数のたんぱく質源を組み合わせることで、たんぱく質を増やすことができます。

副菜（野菜のおかず）にたんぱく質を加える方法を説明します。例えば、ほうれん草の和え物にツナやハム、ささみなど1種を加えます。青菜が苦手なアスリートもたんぱく質源を加えることで食べやすくなり、食べる量が増えるのでおすすめです。たんぱく質源を加えることでレシピのアレンジも増えますね。

また、鶏ささみやレバー、魚ではサンマ、サバ、イワシ、鮭、野菜ではアボカド、カリフラワー、ブロッコリーやバナナなどたんぱく質の吸収を早くするビタミンB6を多く含む食品を積極的に摂るように心がけましょう。

B6を多く含む食品

アボカド　バナナ　鮭

ビタミンB6豊富な鮭を使った高たんぱく質の
「鮭と白菜のミルフィーユ」　　（→96ページ）

シンプルだけどボリューム感たっぷり
牛肉と舞茸の芋煮風

`たっぷり食物繊維` `鉄分豊富`

材料（1人前純使用量/g）

里いも……………100g	ごぼう……………25g	A しょうゆ……………20g
牛肉もも（薄切り）……80g	水……………200cc	酒……………10g
板こんにゃく（白でも良い）…80g	長ねぎ……………50g	砂糖……………5g
舞茸……………25g		

下ごしらえ

① 里いもの皮をむいて一口大に切りそろえる。
② 牛肉は1口大（4cmぐらい）に切り、こんにゃくは手で一口大にちぎる。
③ こんにゃくの臭みが気になるときは、流水で洗ってから、ポリ袋に入れ、1枚あたり大さじ1杯の砂糖で揉み、2・3分おいたら、流水でゆすいで、ザルに上げておく。
④ 長ねぎは斜め切りにし、ごぼうはささがきにし舞茸は食べやすい大きさに裂いておく。

作り方

① 鍋に里いも、水を入れ、火にかける。沸騰して泡が出てきたら、表面のアクを取る。
② ごぼうを鍋に入れ、分量のうちの1/3のしょうゆを入れる。里いもは串が通るくらいまで煮る。
③ 里いもが軟らかくなったら、Aの調味料とこんにゃくを入れる。
④ 一煮立ちしたら、牛肉、舞茸を入れる。
⑤ 最後に長ねぎを入れて味がしみ込むように少し煮込む。
※お好みで一味唐辛子などを入れてください。

料理の特徴

山形名物の芋煮は本来は汁ものです。牛肉、里いも、きのこ、こんにゃくなどをたっぷり入れた煮物風に仕上げています。山形の芋煮は各家庭の具材もバラエティに富んでおり、味付けも地域ごとに違いがあります。

一口メモ

山形の芋煮会では汁を多めに作り、残った芋煮にカレールー、うどんを入れ違う味を楽しみます。パワーをつけたい時、献立に悩んだときに簡単に作れる栄養満点な料理です。バラ肉が主流ですが、脂質量が高くなります。

料理単品のエネルギー・栄養価総量（1人分）

エネルギー：351kcal　たんぱく質：20.2g　脂質：15.3g　炭水化物：31.9g
食物繊維：7.6g　カルシウム：83mg　鉄：3.5mg　食塩相当量：3g

電子レンジで時短で豪華に
鮭と白菜のミルフィーユ

`ビタミン豊富` `高たんぱく質` `電子レンジ調理`

材料（1人前純使用量/g）

鮭……………………80g	かつお昆布だし汁………25cc	みりん………小さじ1（6g）
白菜…………………150g	B 砂糖………小さじ1/2（1.5g）	片栗粉………………1.5g
A 卵……………………40g	酒…………小さじ1強（6g）	片栗粉を解くための水………8cc
しょうゆ……小さじ1/2（3g）	塩………………少々（0.5g）	かつお昆布だし汁…………40cc
みりん………小さじ2/3（4g）	しょうゆ………小さじ1（6g）	おろし生姜………………2g

作り方

下ごしらえ
① 白菜は使用する容器の大きさにだいたい切り揃え、電子レンジで4分加熱する。（白菜の芯の部分を容器の長さに合わせて切った方が白菜を並べるときに並べやすい。芯が厚く火が通りにくい時はもう2分ほど加熱する。）ザルに上げ、軽く絞って水気を取り、粗熱をとる。

② 鮭はそぎ切りにして2等分にする。

③ 卵液を作る。卵をほぐし、しょうゆ、みりん、だし汁を加え、よくかき混ぜる。

作り方
① 耐熱容器にラップを敷く。白菜、鮭、白菜、鮭、白菜の順に交互に重ねる。白菜は芯のところを容器の一番下に敷くようにする。容器のすみから白菜を並べていく。

② 2等分した鮭を容器のすみから並べていく。

③ 卵液が染み込みやすいように、フォーク（串）で全体をさしてAの卵液を流し入れる。卵液が全体によくなじむようにする。

④ 600Wの電子レンジで6分加熱する。卵液の加熱状態が均一の温度になるように（容器を揺らすなど）し、卵液の固まり状態をみて、不足のようなら2分加熱する。

⑤ あんを作る。Bの片栗粉以外の材料を鍋に入れて混ぜ中火にかける。沸騰したら片栗粉を水で溶き、鍋に入れてプツプツと表面がなり、艶が出るまで焦がさないようにしっかり火を通し、あんを仕上げる。

⑥ 鮭と白菜のミルフィーユを容器から取り出して食べやすい大きさに切り分けて、⑤のあんをかけ、すりおろした生姜を添える。

耐熱容器の容量目安　2人分：1000ccのお弁当箱のような耐熱容器　4人分：2000ccの耐熱容器

料理の特徴
電子レンジでできる簡単レシピです。電子レンジの機種により違うので、卵液が加熱し過ぎないように数回に分けて電子レンジかけることがポイントです。電子レンジの機種や作る分量により加熱時間も変わるので、加熱時間を2分ずつ増やして卵液の固まり状態を見ながら加熱時間を増やしてください。

一口メモ
あんに大根おろしを添えて、おろしあんにしたり、甘酢あんにしてもおいしいです。また、あんにひき肉を入れたそぼろあんにすると、ボリュームのあるおかずになります。彩りもきれいで崩れにくいので、お弁当にも◎。

料理単品のエネルギー・栄養価総量（1人分）
エネルギー：236kcal　たんぱく質：24.7g　脂質：7.6g　炭水化物：13.4g　カルシウム：100mg　鉄：1.7mg
食塩相当量：2.1g　ビタミンD：26.3μg　ビタミンB2：0.4mg　ビタミンB6：0.7mg　ビタミンB12：5.1μg

ご飯がすすむ！やわらか鶏じゃが

鶏手羽とじゃがいもの甘辛煮

高たんぱく質

材料（1人前純使用量/g）

若鶏　手羽元 ………………………… 120g	本みりん ……………………… 小さじ1（6g）
じゃがいも …………………………… 60g	生姜 …………………………………… 1片
いんげん ……………………………… 4g	にんにく ……………………………… 1片
酒 ………………………… 大さじ2/3（10g）	油 ……………………………………… 2g
砂糖 ………………………… 大さじ1（9g）	水 …………………………………… 100ml
濃口しょうゆ ……………… 大さじ1（18g）	

作り方

① 手羽元はフォークで数箇所穴を開けて、さっと水洗いして拭く。
② じゃがいもは一口サイズよりも少し大きめに切り、水にさらす。
③ いんげんは軽く塩ゆでにする。
④ フライパンに油を引き、みじん切りにした生姜とにんにくを入れ、油に香りを移したら、手羽元を入れ、軽く焼き色をつける。
⑤ じゃがいもを入れ、1分ほど軽く炒める。
⑥ 鍋の余分な油をペーパーでふき、調味料、水を加え、沸騰したら、弱火～中火の間にし、落としぶたをして15～20分ほど煮る。
⑦ 汁気がなくなったら、器に盛り付け、いんげんを添える。

料理の特徴

手羽元をはじめに軽く焼き、鶏の旨みを閉じ込め、また、じゃがいもが鶏の出汁をしっかりと吸い、鶏肉の旨みが凝縮したメニューです。家族みんなが大好きな甘辛味で、ご飯がすすむこと間違いなしです！

一口メモ

手羽元は脂肪が少なく、淡白な味のお肉。照りやコクをもっと出すなら、砂糖の代わりにはちみつを入れてもおいしいです。春には、ぜひ新じゃがを使って煮込んでみてください。皮までホクホクおいしいですよ！

料理単品のエネルギー・栄養価総量（1人分）　エネルギー：376kcal　たんぱく質：24.4g　脂質：17.4g　炭水化物：24.9g
カルシウム：22mg　鉄：1.2mg　食塩相当量：2.9g

ボリューム満点！とろとろチーズ入りピカタ
とろとろチーズのポークピカタ

高たんぱく質

材料（1人前純使用量/g）

豚ロース肉（薄切り）	80g	しめじ	15g
ピザ用チーズ	18g	玉ねぎ	10g
薄力粉	4g	にんにく	1g
卵	10g	サラダ油	2g
サラダ油	4g	塩	0.2g
塩	0.3g	こしょう	少々
こしょう	少々	ベビーリーフ	20g
トマト缶	30g		

作り方

① 薄切り肉は筋切りをして、両面に塩、こしょうをふる。
② 1枚の肉にピザ用チーズをのせ、もう1枚をのせて軽く押さえる。
③ 肉全体に薄力粉をまぶし、よく溶けほぐした卵液に肉を浸す。
④ フライパンに油をひき、肉を中火で2分弱、ひっくり返して2分弱焼く。
⑤ フライパンに油をひき、みじん切りにしたにんにくを入れ、油に香りを移し、串切りにした玉ねぎ、小房に切ったしめじを軽く炒める。
⑥ トマト缶を入れ、2～3分ほど軽く煮る。塩、こしょうで味を整える。
⑦ ベビーリーフはさっと洗い、手でちぎって軽く混ぜる。
⑧ お皿にサラダ、ピカタを盛り付け、トマトソースをかける。

料理の特徴

豚肉の薄切り肉を重ねることで、ボリュームのあるメイン料理に仕上げました。トマトソースを手作りにして、野菜も一緒に食べられる料理です。お好みでケチャップやソースでもおいしいですよ。

一口メモ

固く仕上がりやすい厚切り肉の料理も、薄切り肉を重ねることで柔らかい仕上がりに。普段取りづらい乳製品もお肉と一緒なら、簡単においしく食べられます！冷めてもおいしいので、お弁当のおかずにも最適です。

料理単品のエネルギー・栄養価総量（1人分） | エネルギー：374kcal　たんぱく質：22.4g　脂質：27.4g　炭水化物：7.3g
カルシウム：138mg　鉄：1.1mg　食塩相当量：1.1g

お魚でもしっかり鉄分補給！
サバのごま竜田揚げ

高たんぱく質

材料 （1人前純使用量/g）

サバ……………………………………100g	片栗粉……………………………………10g
濃口しょうゆ……………………小さじ1（6g）	いりごま……………………………………3g
酒………………………………小さじ1/2（3g）	サラダ油……………………………………4g
生姜……………………………………………1g	レモン……………………………………10g

作り方

① サバを3枚におろし、軽く水洗いしてから、ペーパーで水気を拭く。2～3等分の食べやすい大きさにそぎ切りにする。
② ビニール袋に下味用のしょうゆ、酒、おろし生姜を入れ、サバを加えて、よく揉み込み、空気を抜いて、袋の口を閉じ、冷蔵庫で10分ほどおく。
③ 別の袋に片栗粉といりごまを入れ混ぜ合わせ、香り衣を作り、その中にサバを入れ、サバに衣をつける。
④ サラダ油を180度に熱し、衣のついたサバを入れ、こんがりと色がつくまで揚げる。
⑤ お皿にサバを盛り付け、輪切りにしたレモンを添える。

料理の特徴

ついつい煮魚や焼き魚にしがちな魚メニュー。いつもとは違った、ごまの風味とカリッと揚げた食感で、アスリートの間でも人気の高いメニューです。ビニール袋を使うことで手を洗う必要はありません。サバの下味に生姜を入れているので、夏でもさっぱりと食べていただけます！

一口メモ

魚の中でもサバは特に好き嫌いが多く見られますが、実は鉄分が豊富に含まれる優秀な魚です。衣に青のりやカレー粉を混ぜてもおいしいですよ！塩サバを使うと、下味なしで衣をつけて揚げるだけの簡単メニューに！

料理単品のエネルギー・栄養価総量（1人分） エネルギー：348kcal たんぱく質：21.8g 脂質：22.5g 炭水化物：11.1g カルシウム：52mg 鉄：1.7mg 食塩相当量：1.2g

さっぱりタルタルでしっかり食べられる
鶏のタルタル焼き

`高たんぱく質`

材料（1人前純使用量/g）

鶏もも肉 …………… 100g	卵 ………………… 15g	パセリ（生）……… 小さじ1/4
白ワイン ……… 大さじ1（15g）	玉ねぎ …………… 15g	塩・こしょう ………… 少々
塩・こしょう ………… 少々	ヨーグルト …… 小さじ1（5g）	粉チーズ …………… 少々
薄力粉 ……………… 5g	マヨネーズ … 大さじ1弱（10g）	パン粉 ……………… 少々

作り方

① 鶏肉は皮を剥ぎ、身の内側は包丁で厚さが均一になるように切り目を入れる。
② ザルを準備し、クッキングペーパーを敷いてヨーグルトを入れ、水切りする。
③ ①を②で出た水分（乳清）と白ワインに漬け込む。
④ 卵はゆで卵にして粗いみじん切りにする。玉ねぎはみじん切りにして軽く水にさらし、ザルに上げる。パセリは細かく刻み、クッキングペーパーにくるんで水気をふき取る。
⑤ ④をボウルに入れ、②の水切りヨーグルト、マヨネーズ、塩、こしょうでタルタルをつくる。
⑥ ③の皮身の面に塩、こしょうをふり、薄力粉を肉全体にまぶす。
⑦ ⑥の表面にハケ（又はスプーン）で油を塗る。
⑧ 身の内側面を上に肉全体にかかるように⑤をのせ、軽く上から押さえつける。
⑨ ⑨上に粉チーズとパン粉をパラパラと散らす。
⑩ 200度に熱したオーブン（またはグリル）で15分ほど、パン粉に焼き色がつくくらいまで焼く。

料理の特徴

タルタルはヨーグルトを一部使用することでさっぱりとした仕上がりになり、また水切りして出た水分（乳清）も鶏の下処理に使用することで無駄なく、かつ肉も柔らかく仕上がります。

一口メモ

減塩の工夫としてタルタルをのせる面には塩、こしょうをしていません。食材の塩分量で調整してください。鶏肉を豚肉や白身魚などに変更すると応用が利きます。

料理単品のエネルギー・栄養価総量（1人分）

| エネルギー：292kcal | たんぱく質：22.3g | 脂質：17.5g | 炭水化物：6.9g |
| カルシウム：35mg | 鉄：1.1mg | 食塩相当量：1g | |

肉も野菜も！コツコツ食べよう
豚骨煮

`郷土料理` `カルシウム豊富` `鉄分豊富` `高たんぱく質`

材料（1人前純使用量/g）

豚軟骨（生）・・・・・100g	大根・・・・・20g
焼酎・・・・・大さじ1（15g）	にんじん・・・・・15g
生姜・・・・・5g	赤みそ・・・・・大さじ1強（20g）
厚揚げ・・・・・20g	黒砂糖・・・・・小さじ2（6g）
こんにゃく・・・・・15g	いんげん・・・・・3g

作り方

① 豚軟骨は鍋に入れてひたひたになるくらいの水を入れ、一度沸騰させてアクをとる。
② ①をザルに上げて、再び鍋に戻し、焼酎、生姜を入れ、水が軽くかぶるくらいまで入れて約40～50分煮る（圧力鍋の場合は15分）。余分な脂が浮き出てきたらお玉ですくい取る。
③ 厚揚げ、こんにゃく、大根、にんじんは2cm角の大きさに切る。
④ ②の軟骨が柔らかくなったことを確認し、③を入れて野菜が柔らかくなるまでさらに煮る。水がなくなったら適量を足す。
⑤ ボウルに赤みそ、黒砂糖を入れ、④の煮汁を少し加えて溶かしやすいようにのばし、鍋に入れる。
⑥ 落としぶたをして、味がまんべんなくいきわたるように、たまに鍋を回しながら、約30分煮る。
⑦ ゆでたいんげんを2～3cmの長さに切り、散らす。

料理の特徴

甘辛い味付けの肉と同時に、肉の旨みも吸った野菜を一緒に食べることができます。焼酎がない場合には清酒でも代用可能です。いろいろなみそを混ぜ合わせて使用すると味に深みが出て、より一層おいしく召し上がれます。

一口メモ

豚骨煮は鹿児島県の郷土料理で、通常骨付きのバラ肉を使用して作りますが、今回はカルシウムを摂れるメニューとして軟骨を使用しました。骨付き肉だと荷崩れしにくいのもポイントです。

料理単品のエネルギー・栄養価総量（1人分）
エネルギー：315kcal　たんぱく質：20.3g　脂質：18.6g　炭水化物：11.9g
カルシウム：188mg　鉄：3.2mg　食塩相当量：2.9g

フライパン1つでさっと煮

ダブルトマトでチキンのさっと煮

しっかり野菜　高たんぱく質

材料 (1人前純使用量/g)

鶏むね肉	100g
米粉（菓子・料理用）	5g
玉ねぎ	40g
サラダ油	1g
ぶなしめじ	15g
トマト	30g
さやいんげん	10g
コーン	5g
塩（粗塩）	0.5g
黒こしょう	少々
トマトジュース（食塩無添加）	50g
水	50g
コンソメの素	1g

作り方

① 鶏肉は一口大に切り、米粉をまぶす。玉ねぎはくし形に切り、電子レンジで1分加熱しておく。ぶなしめじは、小房に分ける。トマトは、皮付きのまま乱切りにする。いんげんはゆでて、2cmくらいの長さに切る。

② フライパンに油をひき、鶏肉を置いてから火にかけて、両面軽く焼く。（中まで火は通らなくてよい。）

③ 玉ねぎ、ぶなしめじ、トマト、いんげん、コーンを入れてさっと炒める。

④ トマトジュース、水、コンソメの素を入れて、さっと5分くらい煮込む。塩、こしょうで味を整えて、器に盛りつける。

料理の特徴

鶏肉にまぶした米粉で、料理に軽くとろみがつき、コールドスタートすることにより、鶏肉の焦げ付きを防ぐとともに、初心者が調理しても、怖くなく調理できます。玉ねぎを電子レンジで加熱することにより、時間が短縮され、玉ねぎの甘味が出ます。

一口メモ

トマトジュースの缶をすすいだ水も無駄なく料理に使用し、トマトジュースと生のトマトの両方を使用することによって、トマト嫌いな人でも、たくさんトマトの栄養を摂ることができます。鶏肉だけでなく、豚肉や魚でもおいしくできます。

料理単品のエネルギー・栄養価総量（1人分）　エネルギー：312kcal　たんぱく質：21.5g　脂質：18.6g　炭水化物：13g　カルシウム：19mg　鉄：0.7mg　食塩相当量：1.0g

試合前でも食べられる油を使わないシチュー
白菜と豚肉の米粉シチュー

`しっかり野菜` `高たんぱく質`

材料（1人前純使用量/g）

白菜……………………………45g	水………………………………100g
生しいたけ……………………15g	牛乳……………………………100g
じゃがいも……………………50g	米粉（菓子・料理用）…………10g
豚もも肉………………………80g	粗塩………………………………1g
ブロッコリー…………………15g	黒こしょう……………………少々
コンソメの素……………………2g	

作り方

① 白菜・生しいたけ1cmくらいの角切り、じゃがいもは、4等分に切り、豚肉は一口大に切る。ブロッコリーは一口大に切り、ゆでる。
② 鍋に水、コンソメの素を入れて煮立て、豚肉と野菜を入れて煮る。
③ 野菜に火が通ったら、牛乳を入れ、ひと煮立ちしたら、米粉と同量の水（分量外）で溶いた米粉を入れ、焦げないようによくかき混ぜながら加熱してとろみをつける。
④ ブロッコリーを入れて塩、こしょうで味を整えて、器に盛りつける。

料理の特徴

ルウを使わないので油脂が少なく、野菜、肉、乳製品を一度に摂ることができます。

一口メモ

牛乳が苦手な人は、同量の豆乳でもおいしくできます。白菜がない時期には、キャベツに変えてもOK！

料理単品のエネルギー・栄養価総量（1人分）

エネルギー：308kcal　たんぱく質：22.7g　脂質：12.3g　炭水化物：25.9g
カルシウム：142mg　鉄：1.1mg　食塩相当量：2.1g

雑穀と豆で肉をボリュームアップ！
キヌア入り煮込みハンバーグ

`たっぷり食物繊維` `高たんぱく質`

材料（1人前純使用量/g）

キヌア ……………………… 5g	米粉（菓子・料理用）……… 10g	ミックスベジタブル…………… 15g
合いびき肉 ………………… 60g	塩（粗塩）………………… 0.5g	水煮大豆 ……………………… 20g
玉ねぎA …………………… 20g	オリーブ油 ………………… 2g	トマトジュース（食塩無添加）‥ 50g
木綿豆腐 …………………… 20g	玉ねぎB …………………… 25g	水B …………………………… 25g
卵…………………………… 12.5g	ぶなしめじ ………………… 15g	粗塩 ………………………… 0.3g
粗塩 ………………………… 0.3g	水A ………………………… 20g	黒こしょう …………………… 少々
黒こしょう ………………… 少々	コンソメの素 ……………… 1g	タバスコ……………………… 少々

作り方

① 小鍋に湯を沸かして、キヌアを入れ10分ゆで、ザルに上げる。玉ねぎAはみじん切りにする。木綿豆腐は電子レンジ（600w）で1分加熱して、水切りする。
② ボウルに合いびき肉、玉ねぎA、卵、豆腐を入れ、塩、こしょうを振り、よくこねる。小判型に丸めて、米粉をたっぷりまぶしておく。
③ フライパンにオリーブ油をひき、ハンバーグをのせてから火にかけ、両面を焼く（中まで火が通らなくてもよい。）
④ 玉ねぎBは横半分に切って、大きめのくし切り、しめじは小房に分ける。
⑤ 鍋に④、水A、コンソメの素を入れて中火で煮る。玉ねぎが柔らかくなったら、ミックスベジタブル、ぶなしめじ、トマトジュース、キヌア、水煮大豆、焼いておいたハンバーグ、水Bを入れて15分ほど煮込む。
⑥ 塩、こしょうで味を整えて、器に盛りつける。お好みでタバスコをかける。

料理の特徴

ハンバーグにまぶした米粉で、料理に軽くとろみがつきます。コールドスタートすることにより焦げ付きを防ぎ、肉、豆腐、大豆でたんぱく質がしっかり摂れます。

一口メモ

トマトジュースの缶をすすいだ水も無駄なく料理に使用します。ミックスベジタブルを入れることで豆が食べやすくなり、キヌアと肉にまぶした米粉で、こっそりエネルギーアップしました。

料理単品のエネルギー・栄養価総量（1人分）　エネルギー：364kcal　たんぱく質：21.2g　脂質：20g　炭水化物：23.8g
カルシウム：88mg　鉄：3mg　食塩相当量：1.3g　食物繊維：3.8

減量期のレシピ

減量したい時に食べたい食事
―エネルギーを抑える6つのポイントと調理法のコツ―

アスリートの減量というのは"体重を減らす"ということではなく、多くは"体脂肪を減らす"ことが目的となります。（階級別競技の試合前の体重減量を除く。）体重を減らしたいからといって、食事回数を減らしたり炭水化物を抜いてしまったりすると、トレーニングをするために必要なエネルギーが不足してしまうことから、筋肉が分解され筋肉量が減ってしまう可能性が高くなるので気を付けましょう。

減量するためには…

減量時の食事としては、摂取エネルギーのうち脂質摂取を抑え、炭水化物を含む主食は毎食揃え、低脂肪・高たんぱく質の食品を中心に、代謝を助けるビタミンである野菜を多めに摂ることが大切です。

減量するための食事のポイント

1 主食はパンよりご飯にする。
2 主菜の肉や魚は脂肪の低い食品を選ぶ。
   ［豚肉・牛肉］バラ肉＞ロース＞もも＞ヒレ
   ［鶏肉］手羽元＞もも肉＞むね肉＞ささみ
3 洋風より和風中心にする。
   洋風はバターなどの油脂を含む料理が多いため減量時は和食の煮物などを多くする。
4 ドレッシング類はノンオイルやカロリーハーフなどにする。
5 野菜や豆類など食物繊維を多く含む食品を積極的に摂る。
   緑黄色野菜や根菜類、きのこ類、海藻類、豆類など。
6 飲み物は甘いものや炭酸飲料は控え、お茶や水にする

減量をしているアスリートの中にはご飯を食べると太るというイメージを持っている方がいますが、それは誤解です。ご飯は下表の通り、菓子パンや総菜パンを食べるより脂質が少ないので、無駄な脂質を摂らずに炭水化物をしっかり摂ることができます。ご飯はエネルギー（炭水化物）の確保に優れた食品です。

調理法でいうと、揚げる＞炒める＞煮る＞蒸すの順に油を使いません。そのため、減量時は炒める、煮る、蒸すを中心に調理法を選べば、より低脂肪のメニューにすることができます。減量期に揚げ物を食べてはいけない、ということではないので、食べたいときは低脂肪の食品、肉ならば鶏ささみや鶏むね肉、魚ならば白身魚のタラやカジキマグロなどに衣を薄く付けて揚げてみてはいかがでしょうか。その際は副菜には油の少ない調理法を選ぶようにしましょう。減量中でもこだわりすぎず、バランスの良い食事を心掛けることが大切です。

	目安量	目安量 g	エネルギー kcal	たんぱく質 g	脂質 g	炭水化物 g
たまご蒸しパン(※コンビニ)	1個	110	378	5.5	20.0	44.0
メロンパン	1個	100	366	8.0	10.5	59.9
食パン 6枚切り	1枚	60	158	5.6	2.6	28.0
ミニつぶあんぱん(5個入り)	1個あたり	40	112	3.2	2.1	20.1
スパゲッティ-乾麺	1人分	100	379	12.2	1.9	73.9
そば	1玉	180	238	8.6	1.8	46.8
うどん	1玉	200	210	5.2	0.8	43.2
ご飯	1膳	200	336	5.0	0.6	74.2
もち	1個	50	117	2.0	0.3	25.4
バナナ	1本	100	86	1.1	0.2	22.5

※たまご蒸しパンは成分表掲載がないため商品パッケージの成分値を記載。　日本食品標準成分表　2015版（七訂）より

パサつく低脂肪肉も大根を抱かえればジューシーに！！
大根の鶏肉巻き甘酢あん

しっかり野菜

材料（1人前純使用量/g）

鶏ささみ……………… 2本	きくらげ（ゆで）……………… 10g	固形ブイヨン……………… 2g
シソ………………… 4枚	にんじん……………………… 15g	酢（りんご酢）……………… 5g
大根………………… 20g	オリーブオイル… 小さじ1/2（2g）	こしょう………………… 少々
こしょう…………… 少々	水…………………… 適量（100cc）	じゃこ………………………… 2g
片栗粉……… 大さじ1（9g）	A だし汁……………………… 100g	爪楊枝………………………… 2本
もやし……………… 25g	薄口しょうゆ… 小さじ1/3（2g）	

作り方

① 大根、きくらげ、にんじんは千切りにして、もやしは洗っておく。

② フライパンにオイルをひき、①のにんじん、きくらげ、もやしを加え、こしょうをふり炒める。さらに水を加え、にんじんが柔らかくなるまでゆでる。

③ ささみは筋を取り、たたいて薄くする。（1本を1枚にするイメージ。）

④ ②の肉にこしょうを振り、肉1枚に対してシソ2枚をずらしておき、①の大根の半分を束ねて隅におく。大根の方から巻いていく。最後は爪楊枝で留める。

⑤ 鍋にお湯を沸かし、③の肉に片栗粉をまぶし、中火でゆでる。肉が浮いてしばらくしたら取り出す。

⑥ 鍋にAを加え、⑤で残った片栗粉を加えてから、中火にかけてとろみを作る。

⑦ 皿の中央に、②の炒めた野菜を盛り、その上に⑤の肉の爪楊枝を取ってからのせ、⑥のあんをかける。最後にじゃこをのせる。

料理の特徴

脂の少ない鶏肉のパサつきを防止するため、①大根とシソを鶏肉で巻く、②片栗粉をまぶしてゆでる、③甘酢あんと一緒に食べる――の工夫を施しました。食べる時に水分を含むので、パサつき感がなくなります。また、野菜が苦手なお子さんには、にんじんやきくらげを大根と一緒に巻いて調理していただくと残さず食べてくれます。

一口メモ

高たんぱく質・低脂肪の鶏ささみには、もともとたんぱく質の代謝に関係があるビタミンB6が豊富に含まれており、さらにじゃこを加えることで筋肉を強くするビタミンDを摂取することができます。鶏ささみを鶏むね肉に変えると、ビタミンB6はさらに高まります。

料理単品のエネルギー・栄養価総量（1人分）　エネルギー：158kcal　たんぱく質：19.1g　脂質：2.9g　炭水化物：13.1g
カルシウム：53mg　鉄：0.6mg　食塩相当量：1.4g

疲労回復に最強の味方　豚と梅のコラボでさっぱり味！！

豚と梅の炒め物

ビタミンB1豊富

材料（1人前純使用量/g）

豚もも肉 …………………………… 80g	オリーブオイル ……………………… 1g
玉ねぎ ……………………………… 40g	こしょう ……………………………… 少々
茎にんにく ………………………… 35g	A　酒 ……………………… 小さじ1/2強（3g）
もやし ……………………………… 40g	みりん ………………… 小さじ1/2（3g）
にんじん …………………………… 15g	オイスターソース ……… 小さじ1/2（3g）
梅干し（大きめ） ………………… 1個	

作り方

① 玉ねぎ・にんじんは千切りにする。にんにくの芽は3〜4cmの長さに切る。梅干しは種を取りみじん切りにする。もやしは洗っておく。
② 熱したフライパンにオイルを敷き、①の野菜を軽く炒め、①の梅干し半分を加える。
③ ②に、Aを加え混ぜる。
④ ③に肉、こしょうを加え、肉に火が通るまで炒める。
⑤ 皿に④を盛り、その上に残りの梅干しをのせる。

料理の特徴

玉ねぎとにんじんの甘みを出すために野菜から炒めます。次々に材料を加え、肉に火が通ったらでき上がり。時短の料理です。梅干しとオイスターソースのうま味を活かし、食塩を使用しないのが特徴です。

一口メモ

豚肉のビタミンB1と茎ニンニク、玉ねぎのアリシンを一緒に調理することで、ビタミンB1の吸収率が上がりエネルギー代謝を活発にします。また、梅干しのクエン酸やリグナンによって疲労回復効果がアップ！

料理単品のエネルギー・栄養価総量（1人分）　エネルギー：176kcal　たんぱく質：19.9g　脂質：4.1g　炭水化物：13.8g
カルシウム：39mg　鉄：1.4mg　食塩相当量：1.2g　ビタミンB1：0.85mg

鉄分たっぷり牛肉のレタス包み、元気の宝庫!!
牛肉レタス包みあんかけ

鉄分豊富 カルシウム豊富

材料（1人前純使用量/g）

レタス……………………80g	白ねぎ……………………15g	だし汁……………………20cc
牛もも（脂なし）…………70g	A みりん……小さじ1/2（3g）	C だし汁……………………100cc
干ししいたけ………………3g	こしょう……………………1g	白しょうゆ……小さじ1弱（5g）
きくらげ（ゆで）…………10g	ごま…………………………1g	片栗粉………小さじ1/2（1.5g）
小松菜………………………25g	干し海老……………………2g	こしょう……………………少々
オリーブオイル……………1g	赤みそ………小さじ1/2（3g）	ミニトマト…………………20g
だし汁……………………80cc	B 片栗粉………小さじ1/2（1.5g）	ブロッコリースプラウト…10g

作り方

① 鍋に水を1L入れて沸騰させ、レタスをさっと湯にくぐらせ、大きいものは半分に切る。

② だし汁は全部で200cc作る。その中に干ししいたけを戻す。

③ ②で戻したしいたけ、きくらげ、小松菜、ねぎはみじん切りに、牛肉は細かく切っておく。

④ フライパンに油をひいて、③のしいたけ、きくらげ、小松菜を弱火で炒める、その中にだし汁80ccを入れて、野菜が好みの柔らかさになるまでゆでる。

⑤ ④の水分がほぼなくなったら、③の肉、ねぎとAを加え、混ぜ炒める。

⑥ ⑤にだしBを加え、全体に絡ませ、まとまりを作る。

⑦ ⑥の粗熱が取れたら、レタスの枚数分に分けておく。

⑧ ⑦の具をレタスで包み、レタスの端の部分を下にして皿に並べる。

⑨ 鍋にCを入れ、中火にかけ、かき混ぜながら緩いとろみが出るまで行う。

⑩ ⑧のレタスに⑨のあんをかけ、1cmの長さに切ったスプラウトをレタスの上に散らし、4分の1に切ったミニトマトを飾る。

料理の特徴

運動量が多い時の減量期におすすめのメニューです。減量期に不足しがちなカルシウム、鉄、ビタミンDを干し海老、ごま、きくらげを入れることにより摂取できるよう工夫しています。

一口メモ

レタスをゆでて使用していますが、レタスを生のまま使用するときは、出し汁を少なめにして、あんのとろみを強くします。その時の食べ方は、レタスに肉をのせ、その上にあんをかけてから、くるんで召し上がってください。

料理単品のエネルギー・栄養価総量（1人分）

エネルギー：182kcal　たんぱく質：19.4g　脂質：5.6g　炭水化物：14.8g
カルシウム：238mg　鉄：3.8mg　食塩相当量：1.5g

牛肉とトマトは相性抜群
牛肉とトマト炒め

鉄分豊富

材料（1人前純使用量/g）

牛肉もも赤身肉	70g	塩	小さじ1/2（3g）
トマト	120g	こしょう	少々
ズッキーニ	50g	カレー粉	小さじ1（2g）
オリーブオイル	小さじ1/2（2g）		

作り方

① トマトはへたを取り、8等分の乱切りにする。
② ズッキーニは半月切りに切る。
③ フライパンにオリーブオイルを熱し、牛肉をほぐして入れじっくり焼き、裏返して同様に焼く。
④ 一度牛肉をフライパンから取り出し、ズッキーニを入れて炒める。
⑤ 牛肉をフライパンに戻して、トマトを入れて塩、こしょう、カレー粉を加え、全体を軽く炒め合わせる。

料理の特徴

牛肉は良質なたんぱく質だけでなく、ビタミンB1、B2、鉄などのミネラル類も含まれています。特にたんぱく質は9種類の必須アミノ酸が含まれているので筋肉、骨を作る成長期の子どもの栄養源になります。

一口メモ

牛肉はトマトとの相性もよく、牛肉の脂肪はトマトに含まれているリコピンの吸収をよくします。また、貧血や疲労回復の改善にも効果があります。

料理単品のエネルギー・栄養価総量（1人分）
エネルギー：196kcal　たんぱく質：16.9g　脂質：10g　炭水化物：9.7g
カルシウム：41mg　鉄：3.4mg　食塩相当量：3.1g

オレンジの酸味が食欲をアップ！
白身魚のオレンジソース

材料（1人前純使用量/g）

カジキ……………………………80g	コンソメ顆粒……………小さじ1/4（1g弱）
塩・こしょう……………………少々	コーンスターチ（片栗粉）………小さじ1（3g）
フライパンアルミホイル…………1枚	オレンジ……………………………25g
オレンジジュース………………50cc	アスパラガス………………………15g

作り方

① フライパンにくっつかないアルミホイルを敷き、その上に塩、こしょうをしたカジキをのせ、中身に火が通り、きつね色になるまで両面を焼く。
② 鍋にオレンジジュース、コンソメを入れ、ふつふつとしてきたら同量の水で溶いたコンスターチを加えてとろみをつける。
③ アスパラガスは根の固い部分をピーラーでそぎ、ゆでておく。
④ オレンジを切る。
⑤ 皿に②のオレンジソースを、その上に焼いたカジキをのせ、上にオレンジをのせる。
⑥ アスパラガスを添える。

料理の特徴

あっさりとした淡泊な味が特徴の白身魚はカジキ、タラ、スズキ、カレイ、鮭などがおすすめ。どれもヘルシーなお魚で100gあたり70〜150kcalくらい。オレンジの酸味が利いたソースと相性抜群です。

一口メモ

焦げないアルミホイルを使用することで、油をカットできます。

料理単品のエネルギー・栄養価総量（1人分） | エネルギー：167kcal　たんぱく質：16.7g　脂質：6.4g　炭水化物：10.7g
カルシウム：22mg　鉄：1mg　食塩相当量：2.3g

あっさり優しい塩味で、筋力アップ
塩麻婆豆腐

材料 (1人前純使用量/g)

鶏むねひき肉	40g
だし汁	25g
A 酒	小さじ1弱(4g)
みりん	小さじ1/3(2g)
酢	小さじ2/3(3g)
塩	1g
油	小さじ1/2(2g)
にんにく	1g
生姜	1g
豆板醤	1g
オイスターソース	1g
木綿豆腐	100g
しめじ	10g
鶏ガラスープ	10g
塩	少々
こしょう	少々
片栗粉	1g
長ねぎ	3g

作り方

① だし汁にAの調味料を入れて、鶏ひき肉を煮て、鶏そぼろを作る。
② 豆腐は水をきっておく。
③ フライパンに油をしき、みじん切りにしたにんにくと生姜を弱火で炒める。
④ 香りが出てきたら、オイスターソースと小房に分けたしめじを入れる。しんなりしてきたら、鶏ガラスープと①の鶏そぼろと、2センチ角に切った豆腐を入れる。
⑤ 塩、こしょうで味を整えて水溶き片栗粉でまとめる。塩味ベースですので白色でとろみのある仕上がりになります。
⑥ みじん切りにした長ねぎを上からちらす。

料理の特徴

塩味の鶏そぼろは、多めに作りおきしておくと便利な一品です。そのままご飯にかけたり、卵やほうれん草と合わせて三色丼にしてもおいしいです。豆腐も今回は木綿豆腐を使用していますが、厚揚げや高野豆腐を使用すれば、さらにカルシウムをアップすることができます。

一口メモ

塩味の鶏そぼろの作りやすい分量は次の通り。
鶏むね肉2枚(約400g)、だし汁1カップ、酒大さじ2、みりん大さじ1、酢大さじ2、塩小さじ1。
※鶏肉をミンチにして、だし汁と調味料で煮る。

料理単品のエネルギー・栄養価総量(1人分)

エネルギー：166kcal　たんぱく質：18.4g　脂質：7.2g　炭水化物：5g
カルシウム：129mg　鉄：1.1mg　食塩相当量：1.5g

疲労回復に最適

豚の塩こうじレモン焼き

ビタミンB1豊富

材料（1人前純使用量/g）

豚もも肉（薄切り）	80g	小麦粉	小さじ2/3（2g）
塩	0.5g	油	小さじ1/2（2g）
こしょう	0.1g	レモン	5g
塩こうじ	2g	レタス	適宜
生姜	1g	赤パプリカ	適宜
レモン	5g	黄パプリカ	適宜

作り方

① 豚肉は塩、こしょうで味付けして、塩こうじを塗り、すりおろした生姜とスライスしたレモンに漬けこむ。（30分くらい）
② ①のツケダレを軽く取り除き、豚肉に小麦粉を軽くふりフライパンで焼く。（焦げないように気をつける）
③ 皿に豚肉を盛り、上にレモンの輪切りをのせる。
④ レタスと千切りにしたパプリカを添える。

料理の特徴

糖代謝に関わるビタミンB1が豊富な豚肉を、塩こうじ、レモン、生姜に漬け込んで焼くだけの簡単メニューです。夏バテ防止や疲労回復にもおすすめのメニューです。

一口メモ

脂質の少ないもも肉を使用していますが、増量の時は豚ロース肉に変えてもおいしくいただけます。レモン汁を利用すると減塩もできます。鶏肉で作ってもおいしいですし、さらにエネルギーが気になる場合は、焼かずに蒸してもOK。

料理単品のエネルギー・栄養価総量（1人分）

エネルギー：198kcal　たんぱく質：17.2g　脂質：10.4g　炭水化物：7.6g
カルシウム：28mg　鉄：0.8mg　食塩相当量：0.8g　ビタミンB1：0.76mg

減量期

さわやかな酸味がポイント
鮭のヨーグルトタルタルソース

高たんぱく質

材料 （1人前純使用量/g）

鮭·················· 80g	卵·················· 0.25個
塩·················· 0.5g	マヨネーズ·········· 小さじ1/2（2g）
こしょう············ 0.1g	塩·················· 1g
小麦粉·············· 小さじ2/3（2g）	こしょう············ 0.1g
バター·············· 小さじ3/4（3g）	ブロッコリー········ 30g
プレーンヨーグルト·· 小さじ4（20g）	

作り方

① 鮭は塩、こしょうで味付けして、小麦粉をまぶす。
② フライパンにバターを溶かして①を焼く。
③ 卵はゆでてみじん切りにして、水切りをしたヨーグルト、マヨネーズ、調味料と混ぜてタルタルソースを作る。
④ ブロッコリーは小房に分けてゆでる。
⑤ 鮭にヨーグルトタルタルソースをかけて、ブロッコリーを添える。

料理の特徴

マヨネーズをごく少量しか使わずに作るタルタルソースです。ヨーグルトの種類により、酸味や濃度が異なりますので、それぞれに合わせて調整してください。低脂肪のヨーグルトにしたり、ムニエルではなく蒸すことにより、さらにエネルギー量を抑えることもできます。

一口メモ

ギリシャヨーグルトを使えば、水切りの手間が省けます。

料理単品のエネルギー・栄養価総量（1人分）
エネルギー：194kcal　たんぱく質：21.9g　脂質：9.5g　炭水化物：4.2g
カルシウム：56mg　鉄：1mg　食塩相当量：1.9g

たっぷり野菜を混ぜて炒めればでき上がり

鶏むね肉のプルコギ風

しっかり野菜

材料（1人前純使用量/g）

鶏むね肉（皮なし）	65g	しょうゆ	大さじ3/4（13g）
玉ねぎ	30g	酒	大さじ1/2（8g）
にんじん	25g	コチュジャン	小さじ1/4（1g）
ピーマン	25g	砂糖	大さじ1/4（2g）
生しいたけ	10g	ごま油	小さじ1/4（1g）
おろしにんにく	小さじ1/4（1g）	すりごま（白）	大さじ1/2（3g）

作り方

① 鶏肉を一口大の削ぎ切りにする。
② 玉ねぎは繊維に直角にスライス、その他の野菜はすべて細切りにする。
③ ボウルに調味料すべてを混ぜ、①の鶏肉を加え、もみ込む。
④ ③に②の野菜も加え混ぜる。
⑤ フライパンを中火で熱し、汁ごと④を入れ、鶏肉と野菜を炒める。

料理の特徴

漬け込む必要がなく、材料を混ぜて炒めるだけで完成します。野菜は白菜やニラなど季節や好みのものに変えても、おいしくいただけます。

一口メモ

プルは「火」、コギは「肉」を表していて、朝鮮半島の代表的な肉料理です。お肉は通常、牛ヒレ肉やロース肉など赤身肉を使用しますが、鶏むね肉を使用することで、低脂肪、低エネルギーに抑えられます。

料理単品のエネルギー・栄養価総量（1人分）　エネルギー：188kcal　たんぱく質：19.6g　脂質：6.3g　炭水化物：12.6g
カルシウム：29mg　鉄：1.2mg　食塩相当量：2.4g

しっかりした味付けでお弁当にもおすすめ
メカジキの香味炒め

材料 (1人前純使用量/g)

メカジキ……90g	生姜……5g
長ねぎ……20g	ごま油……大さじ1/4(3g)
赤パプリカ……20g	しょうゆ……大さじ3/4(13g)
にんにく……5g	みりん……小さじ1/4(2g)

作り方

① メカジキを一口大に切り、たっぷりの沸騰湯に入れ1分ほどゆで、ザルに上げる。
② 長ねぎはぶつ切り、パプリカは乱切り、にんにくと生姜は皮をむいて千切りにする。
③ フライパンにごま油を入れ熱し、ねぎ、にんにく、生姜を入れて強火で炒める。
④ ③にしょうゆ、みりんを加え、煮立たせる。
⑤ ④に①のメカジキとパプリカを入れ、手早く炒め合わせる。

料理の特徴

下ゆですることで、煮崩れずに炒め合わせることができます。味付けがしっかりしているので、常備菜としても活用できます。メカジキのかわりにマグロのアラやカツオ、イカなどもおすすめです。

一口メモ

ねぎは関東地方では根茎の軟白部分を食べ、関西地方では緑色の葉を食べます。東京ねぎは白根の部分が太くたくましくしまって、巻きの多いねぎを選んでください。ねぎ特有の香気は、硫化アリルという揮発性の成分で、糖質の代謝を助けるビタミンB群の吸収をよくします。

料理単品のエネルギー・栄養価総量(1人分)
エネルギー:194kcal　たんぱく質:18.8g　脂質:10g　炭水化物:6g
カルシウム:15mg　鉄:0.8mg　食塩相当量:1.5g

補食のレシピ

状況に応じてうまく取り入れよう！おすすめの補食

補食とは？

朝昼夕の3回の食事で摂りきれないエネルギーや栄養素を補う食事を"補食"といいます。消費エネルギー量が非常に多くなる場合や、1回あたりの食事量を増やしにくい場合などに取り入れます。食事と食事の間、練習の前後に食べることになるので、状況に合わせて内容を決めてください。

運動前後で変わるおすすめの補食

補食を摂るタイミングが運動前の場合は、運動時のエネルギー源となる糖質が摂れるものを中心に選びます。昼食と夕食の間で補食を摂りたいけれど、夕方に練習があるので、その前に食べるというような状況です。このケースでは、ご飯やパン、果物などを中心とした内容が良いでしょう。

一方、運動後の補食は、エネルギーの再補充と身体づくりの材料補給を考え、糖質・脂質とたんぱく質が摂れるものを選びます。練習後、練習会場からの移動時間に補食を摂りたいというような状況です。このケースでは、ハムやツナなどたんぱく質源をはさんだサンドイッチや、牛乳・ヨーグルトなどの乳製品などが補食に適した料理・食材として挙げられます。

運動後の補食では、運動をすることで必要量が多くなるビタミンやミネラルの摂取も心がけたいところです。小魚やナッツ、ドライフルーツなどは栄養密度が高く、少量でより多くの栄養素の摂取が期待できるので、運動後の補食におすすめします。

間食を摂る時の注意点

食事と食事の間が空いてしまうため、あとの食事の一部として栄養補給をするのは"間食"です。例えば、昼食から夕食まで長時間空いてしまう場合に、夕食分のエネルギー量の一部を先に食べるのが間食です。この場合は、1日に摂るエネルギー量は増やしません。夕食は間食分をマイナスした内容にします。大人は間食が補食（摂取エネルギーを増やす食事）にならないよう気を付けたいものです。

さて、ケーキやアイス、菓子類を食べることはどうでしょう？これらからエネルギーそのものは摂れますが、脂質が多いものは運動前の補食には適さず、たんぱく質が少ないものは運動後の補食にはベストではありません、と考えると、これらは補食というより"心の栄養摂取"になる食品と考えておくのが良さそうです。量や頻度が多くなくても満足できる、本当に自分が好きで、おいしいと思えるものを選んで、食べるようにするのがおすすめです。

補食の摂り方

例：必要エネルギー量3600kcalを3食で摂れないので、補食を2回取り入れた場合。

間食の摂り方

例：必要エネルギー量2000kcalをいつもなら3食で摂るところ、間食を入れた場合。

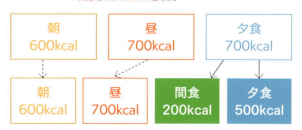

優しい味の豆とお米のデザートで、パワーUP！

米粉の豆乳ブラマンジェ

材料 （1人前純使用量/g）

米粉（菓子・料理用）……………………………10g	バニラエッセンス……………………………少々
上白糖……………………………………………15g	オレンジ……………………………………30g
無調整豆乳……………………………………100g	

作り方

① 鍋に米粉、砂糖を入れて混ぜ、豆乳を少しずつ加えて、よく混ぜる。
② 鍋を火にかけ、木じゃくしで鍋底からかき混ぜる。5分くらいすると糊状になってくるので、焦がさないようにさらに2分ほど混ぜながら煮る。
③ とろりとして、プレーンヨーグルトくらいの固さになったら火からおろして、バニラエッセンスを数滴加えて混ぜ、カップなどに入れて冷やし固める。
④ ③の上に、皮をむいてひと房を3等分に切ったオレンジをのせる。

料理の特徴

しっかり加熱してから冷やすので、衛生的で安心なデザート。デザートでありながら、お米の栄養を摂ることができます。オレンジがない場合は缶詰でも対応可能です。その場合は、砂糖の量を4g減らしてください。

一口メモ

牛乳を使用する場合は、砂糖を3g減らす。1個でもっとエネルギー量を増やしたい場合は砂糖の倍量の「スローカロリーシュガー」を使用してください。

料理単品のエネルギー・栄養価総量（1人分）

エネルギー：155kcal　たんぱく質：4.7g　脂質：2.2g　炭水化物：29.3g
カルシウム：23mg　鉄：1.4mg　食塩相当量：0g

クリームチーズでカラフルでいろんな味わいを
クリームチーズインサンド

材料（1人前純使用量/g）

- A クリームチーズ……………25g
  パイナップル………………20g
- B クリームチーズ……………25g
  明太子………………………15g
  レモン汁……………………3g
- C クリームチーズ……………25g
  オリーブオイル……大さじ1/2（6g）
  粗びきこしょう……………少々
  バジルの葉…………………好みの量
  おろしにんにく……………1g
- D クリームチーズ……………25g
  絹ごし豆腐…………………25g
  すりごま……………………5g
- E クリームチーズ……………25g
  ジャム………………………10g

作り方

A パイナップルは細かく刻んで、クリームチーズに混ぜる。混ぜにくい時はパイナップルの缶詰のシロップを使う。
B クリームチーズと明太子を混ぜ、レモン汁で滑らかにする。
C クリームチーズにオリーブオイル、粗びきこしょう、バジルの葉、にんにくを混ぜる。
D クリームチーズに絹ごし豆腐、すりごまを入れて、滑らかになるように混ぜる。
E クリームチーズに好みのジャムを混ぜる。（写真はブルーベリージャム）
① A〜Eのディップをスライスしたバケットやベーグルにぬる。

料理の特徴

クリームチーズを使うことで、サンドイッチにしたときもパンにバターを塗る手間が省けます。
Cのディップは、バジルソースを使えばクリームチーズと混ぜるだけなので簡単に作ることができます。

一口メモ

クリームチーズは栄養価が高く、手軽に食べられアレンジもしやすいので疲れた時ほど食欲アップにおすすめです。フルーツやジャムなどを混ぜてカラフルなディップを作ってみてください。

ディップのエネルギー・栄養価総量（1人分）

	パイナップル	明太子	バジル	豆腐	ブルーベリージャム	クリームチーズのみ
エネルギー	103kcal	106kcal	143kcal	130kcal	104kcal	87kcal
たんぱく質	2.1g	5.2g	2.1g	4.3g	2.2g	2.1g
脂質	8.3g	8.8g	14.3g	11.7g	8.3g	8.3g
炭水化物	4.6g	1.3g	0.9g	2g	4.9g	0.6g
カルシウム	19mg	21mg	20mg	92mg	22mg	18mg
鉄	0.1mg	0.1mg	0mg	0.7mg	0.1mg	0mg
食塩相当量	0.2g	1g	0.2g	0.2g	0.2g	0.2g

冷凍もできるから補食にピッタリ
かぼちゃのおやき

郷土料理

材 料（1人前純使用量/g）

かぼちゃ……………………………… 50g	A バター…………………………… 小さじ 1/2（2g）
中力粉………………………………… 50g	砂糖……………………………… 小さじ 1/2（1.5g）
水……………………………… 50 〜 75cc	みそ……………………………… 小さじ 1/2（3g）

作り方

① ボウルに中力粉を入れて水を少しずつ加え、耳たぶくらいの柔らかさにまとめる。
② ①にぬれ布巾またはラップをかけて1〜2時間寝かせる。（夏は短めの時間に。）
③ かぼちゃの皮はそぎ落とし、スライスに切り、皿に並べて水を全体に適量に振り、ラップをしてレンジに3分かける。
④ ③をボウルに移し、フォークなどでかぼちゃをつぶし、Aの材料を加えて混ぜ合わせる。かぼちゃを2等分に丸くまとめる。
⑤ ②を2等分にして、手に粉をつけて丸くまとめる。丸めた皮を左手の親指で押さえながら、右手の親指で回すようにして、直径7〜8cmの円に伸ばす。
⑥ 左手に⑤をのせ、その上に④を置き、周りの皮を中央に寄せるように均等に伸ばし、かぶせる。
⑦ 手に粉をつけて軽く押さえ、落ち着かせる。
⑧ 蒸し器に入れて15〜20分蒸す。

料理の特徴

おやきは小麦粉で旬の野菜を包むだけの素朴な食べ物で、信州の代表的な郷土食です。小麦粉のエネルギーは精白米よりやや多く100gあたり約370kcal。練習前の補食としても十分なエネルギー源を確保できます。みそを入れることで甘辛く仕上がります。

一口メモ

こねた皮を寝かせれば、グルテンの弾力が弱まり落ち着きます。おやきは冷凍保存も可能。作り置きをしておくと練習前の補食として活用できます。

料理単品のエネルギー・栄養価総量（1個分）
エネルギー：235kcal　たんぱく質：5.7g　脂質：2.6g　炭水化物：45.1g　カルシウム：22mg
鉄：0.6mg　食塩相当量：0.4g

子どもに人気のカレー味
ズッキーニとチーズのおやき

郷土料理

材 料（1人前純使用量/g）

ズッキーニ ………………… 15g	塩………………………………… 少々	水……………………………… 50 〜 75cc
トマト ………………… 中 1/4 個	こしょう………………………… 少々	
カマンベールチーズ	カレー粉 ………………… 少々（0.5g）	
（2つ切りにして冷凍）………… 5g	中力粉……………………………… 50g	

作り方

① ズッキーニと種を取ったトマトは、1cmの角切りにする。
② フライパンで①を炒め、塩、こしょう、カレー粉で味付けをし、冷ます。
③ ②が冷めたら2等分に分け、形よく丸くまとめておく。
④ ボウルに中力粉を入れて、水を少しずつ加えて耳たぶくらいの柔らかさにまとめる。
⑤ ③にぬれ布巾またはラップをかけて30分くらい寝かせる。（夏は1〜2時間）
⑥ ④を2等分にして、手に粉をつけて丸くまとめる。丸めた皮を左手の親指で押さえながら右手の親指で回すようにして、直径7〜8cmの円に伸ばす。
⑦ 左手に⑤をのせ、その上に③を置き、凍らせておいたカマンベールチーズを入れ、周りの皮を中央に寄せるように均等に伸ばし、かぶせる。
⑧ 手に粉をつけて軽く押さえ、落ち着かせる。
⑨ 蒸し器に入れて15〜20分蒸す。

料理の特徴

ズッキーニとトマト、カマンベールチーズは組み合わせの相性も良く、お子様に喜ばれるカレー味で包み込みました。チーズはカルシウム補給にもなります。

一口メモ

こねた皮を寝かせれば、グルテンの弾力が弱まり落ち着きます。おやきは冷凍しておくこともでき、手軽にレンジにかけて食べることができます。

料理単品のエネルギー・栄養価総量（1個分）
エネルギー：215kcal　たんぱく質：6.1g　脂質：2.2g　炭水化物：41.1g　カルシウム：44mg
鉄：0.7mg　食塩相当量：0.8g

小松菜とキウイの
グリーンスムージー

ブルーベリーとバナナの
ヨーグルトスムージー

飲んで手軽にビタミン補給！
小松菜とキウイのグリーンスムージー

`ビタミンC豊富` `ビタミンK豊富` `たっぷり食物繊維`

材料（1人前純使用量/g）

キウイフルーツ	60g
小松菜	45g
バナナ	60g
牛乳	75g

作り方

① キウイ、バナナの皮をむき、適当な大きさに切る。
② 小松菜はさっと洗い、根元を落とし、3〜4cm程度に切る。
③ ミキサーに、キウイ、小松菜、バナナ、牛乳を入れて、撹拌する。
④ グラスに注ぐ。

料理の特徴

小松菜と果物を一緒にミキサーにかけるだけで、飲みやすいグリーンスムージーに！たんぱく質、糖質もしっかり含まれているので、練習後の補食に最適です！

一口メモ

果物本来の甘さだけで作ったスムージーです。牛乳が苦手な方は豆乳で作ってもおいしいですよ。食事だけではなかなか取り切れない鉄分をしっかり補っていきましょう。

料理単品のエネルギー・栄養価総量（1人分）
エネルギー：140kcal たんぱく質：4.4g 脂質：3.1g 炭水化物：26.3g カルシウム：182mg
鉄：1.6mg 食塩相当量：0.1g 食物繊維量：3g ビタミンK：96μg ビタミンC：69mg

暑い夏にピッタリの爽やかスムージー

ブルーベリーとバナナの
ヨーグルトスムージー

材料 （1人前純使用量/g）

ブルーベリー ·················· 30g
バナナ ·························· 60g
無糖ヨーグルト ················ 30g
牛乳 ····························· 50g

作り方

① バナナは皮をむき、適当な大きさにフォークで切る。
② ミキサーにブルーベリー、バナナ、ヨーグルト、牛乳を入れ、撹拌する。
③ グラスに注ぐ。

料理の特徴

包丁を使わずに、ミキサーに入れて回すだけの簡単スムージー。夏が旬のブルーベリーを使い、暑い夏に負けない爽やかな味で、子どもたちにも大人気！

一口メモ

ブルーベリーとバナナに含まれる豊富な食物繊維は「便秘」改善に効果が期待できます。果物は冷凍を使うともっとおいしくなります。おいしく飲んで、いいコンディションを作りましょう。

料理単品のエネルギー・栄養価総量（1人分）

エネルギー：118kcal　たんぱく質：3.5g　脂質：3g
炭水化物：21.2g　カルシウム：97mg　鉄：0.3mg
食塩相当量：0.1g

果物と野菜をまるごとスムージー！

リンゴとにんじんのオレンジスムージー

材料 （1人前純使用量/g）

りんご ···················· 100g
にんじん ················· 30g
オレンジジュース ······ 100g

作り方

① りんごは芯をくりぬき、皮ごと適当な大きさに切る。
② にんじんはへたをとり、きれいに洗って、皮ごと適当な大きさに切る。
③ ミキサーにりんご、にんじん、オレンジジュースを入れ、撹拌する。
④ グラスに注ぐ。

料理の特徴

普段は皮を向いて食べる果物と野菜も、今回はきれいに洗って「まるごと」ミキサーでスムージーに！100％のオレンジジュースを使うことでオレンジの皮のゴワゴワをなくし、飲みやすいジュースにしました。

一口メモ

ビタミンC、ビタミンAが含まれるので、疲労回復効果が期待できます。練習後の補食として最適です！バニラエッセンスを加えると、香りがよくなります。食物繊維も含まれるので便秘改善効果も。

料理単品のエネルギー・栄養価総量（1人分）

エネルギー：110kcal　たんぱく質：1.1g　脂質：0.2g　炭水化物：29.1g
カルシウム：20mg　鉄：0.3mg　食塩相当量：0g

カラフルにんじん
おにぎり

枝豆・塩昆布・チーズ
おにぎり

なめたけコーンおにぎり

キヌア入りさつまいもおにぎり

にんじん嫌いも大好き
カラフルにんじんおにぎり

材料（1人前純使用量/g）

米……………… 50g	黄パプリカ………… 2g
にんじん………… 15g	酒…… 小さじ1弱（4g）
ツナ缶…………… 8g	塩………………… 0.5g
ピーマン………… 2g	固形スープの素… 0.5g
赤パプリカ……… 2g	

作り方

① 米をとぐ。
② にんじんはすりおろし、ピーマン、赤パプリカ、黄パプリカはみじん切りにする。
③ ①と②と調味料全てを入れて炊飯する。
④ にぎる。

料理の特徴

にんじんの赤色とカラフルなピーマンの色彩が食欲をそそります。ピーマンは時間が経つと色が変わりますので、炒めて後で混ぜるとカラフルに仕上がります。にんじんの赤い色をいかし、ケチャップライスの代わりにして、オムライスにしてもおいしいです。

一口メモ

作りやすい分量は次の通り。米3合、にんじん中1本、ツナ缶1缶（70g）、ピーマン15g、赤パプリカ15g、黄パプリカ15g、酒大さじ2、塩小さじ1、固形スープ1個。（約9個分）

料理単品のエネルギー・栄養価総量（1人分）　｜　エネルギー：200kcal　たんぱく質：6.1g　脂質：0.7g　炭水化物：41.4g
｜　カルシウム：9.3mg　鉄：0.8mg　食塩相当量：1.0g

ほのかな甘さが落ち着く
キヌア入りさつまいもおにぎり

`ビタミンB1豊富` `ビタミンC豊富`

材料（1人前純使用量/g）

米	50g
キヌア	0.6g
さつまいも	25g
みりん	小さじ1/2（3g）
塩	0.3g
ごま塩	1g

作り方
① 米をとぐ。
② 炊飯器に米を入れ、定量の水を入れる。
③ 1cm角のさつまいも、キヌア、調味料を②に入れて炊飯する。
④ よく混ぜて、ごま塩をふる。

料理の特徴
さつまいもを入れると糖質や食物繊維を増やすことができ、ほのかな甘みも落ち着きます。今回はキヌアを入れましたが、アマランサスやもち麦など他の雑穀を混ぜて作ってもおいしいです。

一口メモ
お好みで、五穀米を入れて炊いたり、海苔を巻いたりしてください。作りやすい分量は次の通り。米3合、キヌア小さじ1、さつまいも小1本（250g）、みりん大さじ1と1/2、塩小さじ1、ごま塩適量。（約9個分）

料理単品のエネルギー・栄養価総量（1人分）

エネルギー：226kcal　たんぱく質：3.6g　脂質：0.8g　炭水化物：49.2g
カルシウム：20.5mg　鉄：0.7mg　食塩相当量：0.4g　ビタミンC：73mg
ビタミンB1：0.46mg

爽やかな彩りで、たんぱく質たっぷり
枝豆・塩昆布・チーズおにぎり

材料（1人前純使用量/g）

米	50g	塩昆布	3g
チーズ	8g	枝豆	10g

作り方
① ご飯を炊く。
② サヤから出した枝豆と、小さ目のサイコロに切ったチーズ、塩昆布を①に混ぜる。
　※塩昆布は長いようなら短く切る。
③ にぎる。

料理の特徴
枝豆をサヤから出すのが少し面倒ですが、チーズや塩昆布の塩気とよく合い、彩りもさわやかです。枝豆は後から付ける方が上手に作ることができます。

一口メモ
お好みで、五穀米を入れて炊いたり、海苔を巻いたりしてください。
作りやすい分量は次の通り。米3合、チーズ70g、塩昆布30g、枝豆18〜27粒。（約9個分）

料理単品のエネルギー・栄養価総量（1人分）

エネルギー：214kcal　たんぱく質：6.1g　脂質：3.2g
炭水化物：39.4g　カルシウム：69mg　鉄：0.5mg
食塩相当量：0.8g

入れて炊くだけの簡単ご飯
なめたけコーンおにぎり

材料（1人前純使用量/g）

米	50g	コーン	12g
なめたけ	20g		

作り方
① 米をとぐ。
② 炊飯器に米を入れ、定量の水を入れる。
③ なめたけと、水を切ったコーンを②に入れて炊飯する。
④ にぎる。

料理の特徴
なめたけ1瓶とコーン缶（小）1缶を3合のお米に混ぜて炊くだけという超簡単ご飯です。誰でも、いつでも、どこでも簡単にできますので、普段のご飯やおにぎりのバリエーションにぜひ、加えてみてください。

一口メモ
お好みで、パセリをふったり、海苔を巻いたり、おにぎらずにしてください。
作りやすい分量は次の通り。米3合、なめたけ1瓶（180g）、コーン小1缶（110g）。（約9個分）

料理単品のエネルギー・栄養価総量（1人分）

エネルギー：186kcal　たんぱく質：3.5g　脂質：0.4g
炭水化物：42.6g　カルシウム：5mg　鉄：0.3mg
食塩相当量：0.9g

簡単にできる、ミネラルたっぷりの補食
バナナとプルーンの米粉蒸しパン

材料（1人前純使用量/g）

バナナ……………………………………… 20g	米粉（菓子・料理用）…………………… 12g
ドライプルーン（種なし）………………… 4g	油（あれば中鎖脂肪酸油）………………… 2g
ベーキングパウダー ……………………… 1g	

作り方

① 蒸し器にお湯を沸かしておく。
② ボウルにバナナとプルーンを入れて、マッシャーなどでつぶす。（プルーンがつぶれにくい場合は細かく切る。）
③ 米粉とベーキングパウダーを加えてよく混ぜ、油を入れてよくかき混ぜる。
④ アルミカップなどに③を流し入れ、蒸し器で20分ほど蒸す。

料理の特徴

熟しすぎたバナナもおいしく食べることができるグルテン無添加の米粉を使っているので、小麦アレルギーの人の補食にも対応できます。米粉はきめが細かいので、お菓子作りに必須な、粉をふるう作業を省くことができます。お菓子でありながら、お米の栄養を摂ることができます。

一口メモ

米粉の代わりに薄力粉を使う場合は、米粉と同量でよいですが、使用前にベーキングパウダーとあわせ、粉をふるっておいてください。1個でもっとエネルギー量を増やしたい場合は、砂糖の倍量の「スローカロリーシュガー」がおすすめです。

料理単品のエネルギー・栄養価総量（1人分）

エネルギー：89kcal　たんぱく質：1g　脂質：2.1g　炭水化物：16.8g
カルシウム：3mg　鉄：0.1mg　食塩相当量：0.0g

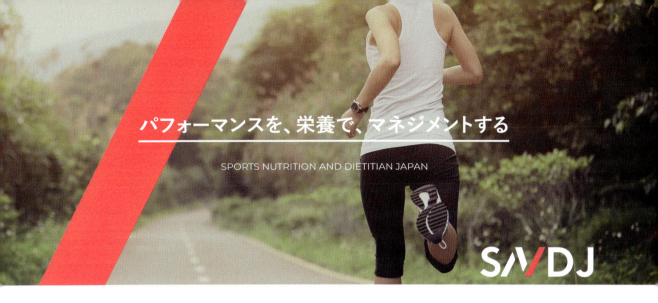

パフォーマンスを、栄養で、マネジメントする

SPORTS NUTRITION AND DIETITIAN JAPAN

より健康に
自分の思い通りに生きるために
パフォーマンスを、栄養で、マネジメントする

一般社団法人日本スポーツ栄養協会は、
スポーツ栄養で日本を元気にします

東京2020まであと2年、アスリートのパフォーマンスを支える食への関心が高まるなか、2018年6月、スポーツ栄養の普及啓発と職能の認知拡大を担う一般社団法人日本スポーツ栄養協会が発足いたしました。産業界やメディアの要請に応えるスポーツ栄養界の窓口となり、公認スポーツ栄養士、管理栄養士、栄養士のキャリアアップ支援、アスリートやチーム、団体からの栄養サポート相談、企業との事業推進など、様々な活動を展開いたします。

① スポーツ栄養の普及啓発事業
② 栄養サポート事業
③ 公認スポーツ栄養士・管理栄養士・栄養士支援事業
④ スポーツ栄養ネットワーク構築事業
⑤ 食品開発、マーケティング支援事業

公認スポーツ栄養士／
管理栄養士／栄養士
「SNDJメンバー」募集中
下記よりご登録いただけます！

一般社団法人日本スポーツ栄養協会
〒105-0022 東京都港区海岸 1-2-20 汐留ビルディング 3 階
Tel 03-6721-8853　E-Mail info@sndj.jp　URL https://sndj.jp
https://twitter.com/sndj_jp　https://www.facebook.com/sndj.web

レシピ執筆者のご紹介

本書で紹介するアスリートレシピは、22名の公認スポーツ栄養士の皆さんにご提供いただきました。皆さんの「スポーツ栄養に関わる活動内容と今後やりたい仕事、夢、食豆知識、ここだけの話！おすすめの食べ方」などを紹介します。

※あいうえお順で表記。

石川　真由美
株式会社LEOC　トレーニングセンター

プロスポーツチーム対象に、メニュー作成や栄養に関する情報提供をしています。今後は個人で異なる食習慣や睡眠もふまえた栄養サポートでアスリートのパフォーマンスアップの力になりたいと考えています。現役中はもちろんのこと、引退後も健康に過ごせるようなサポートで、アスリートの一生に寄り添えるスポーツ栄養士になることが目標です。本レシピ集では魚のマスタード焼き・サバ缶炊き込みご飯の2献立を提案しました。

石墨　清美江
新潟県健康づくり・スポーツ医科学センター、新潟県栄養士会事務局

地元アスリートのスポーツ栄養指導と健康づくりのための栄養指導、米・米粉普及事業やセミナー等の講師をしています。今後、アスリートをはじめとして多くの人たちに、日本〜海外に米粉のおいしさ、有用性を、伝えていきたくて、役に立つおいしい米粉レシピを作成させていただきました。米粉はパン・ピザの1次発酵が不要、吸油率が低く使い方が簡単、幅広く利用することができます。

石田　美奈津
株式会社LEOC スポーツ栄養事業企画部

社員食堂からアスリート寮まで様々な分野の献立作成や食事提供業務を行っています。また、健康づくりから競技力向上までを目的とした食堂での食事指導も行っており、相談者のニーズに対応したアドバイスを心がけています。担当しているスポーツチームでは、チーム全体だけでなくアスリート1人1人に合わせた個別栄養サポートにも注力しています。本レシピ集では、チキンステーキマスタードソースとチゲ煮の2献立を提案しました。

上條　治子
株式会社魚国総本社

毎日の食事が、栄養素を満たすだけでなく、おいしく、楽しみであってほしいと思っています。今回ご紹介させていただいた料理の中でも特におにぎり（4種）は、試合時や補食にぜひ活用していただきたいアスリートにも人気のおにぎりです。「勝つこと」を目標にすることはもちろんですが、未来あるアスリートの「心」と「身体」を大切にすることも心がけてサポートさせていただいています。

国原　千佳
株式会社LEOC　首都圏BI栄養管理部

現在の担当業務は、アスリート用の食事メニュー作成や食事指導、媒体作りなどです。単発の指導・教育が多いため、今後は、アスリート1人1人に対し、献立作成から食事提供、食事指導まで全て一環したサポートをしたいと考えています。また、外国人アスリートともコミュニケーションがとれるよう、身体のことや食事に関する英語を学んでいくことも目標の一つです！本レシピ集では、瓦そばと豚肉のにんにくみそ丼の2献立を提案しました。

小嶋　理恵子
Unit

鶏手羽とじゃがいもの甘辛煮、とろとろチーズのポークピカタ、サバのごま竜田揚げ、スムージー3種のレシピを提案致しました。現在、アスリートへの栄養サポートを中心に活動を行っています。その中で、フィジカルコーチと連携をとって活動を行うことは非常に重要であると考えています。アスリートには十分なトレーニングができる体作りや、自分で食事管理ができるようになるための具体的なアドバイスを、ジュニアアスリートには体作りにおける食の重要性を伝える活動を行っています。

佐藤　尚子
シダックスコントラクトフードサービス株式会社　合宿所

受託先のレストランで、アスリートの皆様へ食事の提供をしています。アスリートがリラックスし、安心して食事が食べられるような環境を心掛けています。レストランで人気メニューのサバのみそ煮は、鉄分など栄養素の豊富なメニューです。また甘辛いみそ味は、ご飯をしっかり食べるには最適です。今後は、東京2020に向けて何かしらに関われる仕事をしたいと思っています。

佐藤　泰啓
株式会社LEOC　学生寮

自分自身がアスリートだったので、アスリートの気持ちになって話を聞くこと、そして自身の競技生活で培ってきた経験と理論に対して実体験を行った結果、どのような変化が身体に起こったのかをアスリートに対して、お話ししています。また、自分もアスリートの気持ちでいられるよう、身体を動かしています。トレーニングを積み重ね、フルマラソン3時間切りを目指します!!本レシピ集ではつくね、魚アーモンド焼きの2献立を提案しました。

関根　豊子
株式会社LEOC　スポーツ栄養事業企画部

チームの食環境整備から、パーソナルサポートまでお引き受けしています。優しいお姉さんから脱却し、アスリートの「これを食べたい！」を考慮しつつも、「今はこれを食べるべき」を強めに押す、スパルタキャラを演じることが多くなりました。本レシピ集では、試合前のうどん＋おにぎり＋餅＋バナナと炭水化物四重奏献立を提案しました。試合・練習はもちろん、仕事や学校へ、エネルギー満タンの身体で送り出せる献立を考えています。

竹本　満寿美
株式会社LEOC　北海道栄養管理部

今年、日本人の平均寿命が男性「81.09歳」、女性「87.26歳」と過去最高を記録したそうです。スポーツ栄養とはトップアスリートにだけ必要な知識ではなく、これからの長寿社会で生涯スポーツが楽しめる身体づくりをしていく上でも必要と考えております。皆さんの身近なスポーツ栄養士になれたらと思っております。本レシピ集では、ごま坦々牛丼と、北海道ご当地メニューラーメンサラダの2献立を提案しています。

田澤　梓
フリーランス

大学陸上部・高校野球部の栄養面談、寮食メニューの監修、アスリートレシピサイトのコラム執筆などの活動や、「スポーツをする人のための食事学入門」などのテーマでセミナーを実施しています。栄養素中心でない日常の食生活を重視することを大切にしています。食の面からスポーツや運動をする人の生活や人生を支えていきます。鶏むね肉のプルコギ風、メカジキの香味炒めのレシピを提案。

田中　愛子
シダックスコントラクトフードサービス株式会社
合宿所

ラグビー、サッカー、水球などのチームスポーツを中心に、小学生から社会人までの栄養サポートに携わってきました。できる限り現場に足を運び、アスリートの生の声を反映させたサポートを行うように心がけています。一人でも多くのアスリートがそれぞれの目標を達成できるように、食の力で応援できるスポーツ栄養士になることを目指して、日々奮闘中です！

田畑　綾美
株式会社KAGO食スポーツ

現在、スポーツ栄養士で会社を立ち上げ、アスリートが食に対して自立するための総合的な支援及びアスリートを食で支える方（ご家族や寮・宿泊施設など）への食提供に関わる支援を中心に活動をしています。それぞれの目標に寄り添いながら「今」を支援しつつ、将来「食べることが好き」「スポーツが好き」と感じてもらえるようなサポートをしていきたいです！

中村　みどり
シダックス株式会社
品質管理・アレルギー対策室

最近ではスポーツの大会でアスリート食堂運営、トップアスリートの合宿時の昼食ケータリングなどあらゆる環境でアスリートが試合に向けてコンディション良く挑めるように、食環境の整備をする機会が増えています。食堂でリラックスし笑顔で食べるアスリートの姿が私の活力です。家庭では作り置きおかずを作る等工夫をしています。母の経験を活かしアスリートを支える家族の強い味方となれるようなスポーツ栄養士でありたいです。

永山　恵美子
シダックス中伊豆ワイナリーヒル株式会社

スポーツ施設付きのホテルに勤務しています。合宿期間中のアスリートのメニュー作成などを担当しています。栄養セミナーを実施したりもしますが、セミナー後の食事の様子に変化が見られたりするのが楽しいです。アスリートとして、少しでも食事や栄養に関して興味をもってもらい、それが良いパフォーマンスにつながってくれたら嬉しいです。ホテルで人気が高くおかわり続出！の料理は野菜たっぷりの豚汁です。

西田久美子
フリーランス

女性アスリートにも適切に対応できるよう産婦人科のスポーツDr、薬剤師、トレーナー、元オリンピアンなど多職種の仲間と情報を共有しながら取り組んでいます。自分の経験を生かして保護者の方のサポートにも力を入れていきたいです。これからはパラアスリートまた、シニアアスリートも活躍できるようお役に立てればと考えています。
担当レシピ：95、96、120ページ

日向　訓子
シダックスコントラクトフードサービス株式会社
社員寮

サッカーの寮の管理栄養士として、高校生、若手のプロアスリートの食事指導・提供に携わってきました。今後は、サッカー以外のスポーツにも関わっていきたいと思っています。また、私自身が男の子2人の子育て中ですので、その経験を生かしジュニア期から食事の大切さを伝えていきたいです。

堀内真由美
フリーランス

栄養サポートは全日本出場連覇に向けての体操女子チームと、高校野球部においてはカラダづくりにと、共にアスリートと頑張っています。スポーツ栄養の講演会活動にも引き続き力を入れたいと思います。今後は、長寿長野県！の秘訣料理を子どもからお年寄りに幅広くお伝えしていきたいと思います。補食の郷土食おやき、減量の牛肉とトマト炒め、白身魚のオレンジソースのレシピを提供しました。

松本恵美子
シダックスコントラクトフードサービス株式会社
社員寮

現在、社会人ラグビーの寮にて食事提供・栄養指導に携わっています。年齢層や国籍が幅広いアスリートたちは、食事に対する反応も様々。皆さんの心をつかむべく、毎日メニューと格闘しています。静岡の特産品は沢山ありますが、しらすや桜海老は特におすすめ。調理不要でカルシウムが豊富に摂れます。そして何にかけてもおいしい！料理をおいしく手軽につくるアイテムとしてぜひ常備してみてください。

山口理羅
株式会社LEOC　トレーニングセンター

現在は大学生アスリートの食事提供に携わっています。1人でも多くのアスリートに食事の楽しさと重要性を知ってもらい、日本スポーツ界全体が強くなるようサポートしていくのが夢です。今回試合期のおすすめメニューとして、豚ヒレ肉のソテーオニオンナッツソースを考案しました。もう1つの提案献立、チキン南蛮もそうですが、身近な食材を使っているのに、ちょっと違うね！と言われるアレンジの効いたメニュー開発が得意です。

山本　和恵
日本福祉大学　スポーツ科学部

本大学部活動の部員の食環境づくりや実業団バレーボールチームの食事アドバイザーをしています。今後は、障がいを持つアスリートの食事サポートにも本格的に取り組んでいきたいです。おすすめ料理は、トマトをおいしいだし汁で軽く煮て、一晩漬け置く美々トマトです。グルタミン酸、イノシン酸など、旨みの相乗効果で心がウキウキしてきます。

吉山　千絵美
株式会社LEOC　東海栄養管理部

実業団長距離陸上部等の栄養サポートを経て、現在は主に学生や実業団チームの献立作成や営業に関わる仕事をしています。私自身、中学生の頃に過度の運動と低エネルギーの食事から、体調の異変をきたした経験があるので、今後は女性アスリートやジュニア期を対象としたサポートや食事の重要性をお伝えする活動にも携わっていきたいと思っております。本レシピ集では、スパイシーポーク、クリスピーチキンの2献立を提案しました。

撮影を終えて

「アスリートとスポーツ愛好家のためのレシピ」は、料理研究家の川野妙子さんとカメラマンの佐藤全さんの2人に協力していただき、約1ヶ月がかりで撮影は滞りなく終了した。川野妙子さんにはレシピどおり料理を作るだけでなく、どのようにすればおいしく美しく撮影できるかを考えて料理を盛り付けていただき、佐藤さんには盛り付けられた料理をさらに美しく撮影するために、構図や下地の色味、素材を工夫して撮影していただいた。ぜひ、料理を作ったときに盛り付け方なども参考にして欲しい。また、幸いにも撮影後の料理を試食したときは、栄養価を考えた食材の組み合わせや、食が細くなったアスリートに向けた食欲増進への配慮などレシピを執筆された皆さんのアイディアに圧倒されることが多かった。作っていただいたら、きっと執筆者の皆さんがレシピに込めた工夫が随所にあふれていることに気付かれることだろう。

川野妙子 氏

料理制作：川野妙子

料理研究家・栄養士・クッキングコーディネーター。
食品メーカー勤務後、健康食やダイエット食のメニュー開発、食品メーカーの新製品開発を手掛ける「川野スタジオ」を主宰する。「おいしく健康に！」をモットーにするジュースレシピの第一人者。ジュースの本はすべて重版を重ね、海外でも翻訳されるほど好評。著書に「手づくりジュース353レシピ」、「手づくり生ジュースハンドブック」「栄養満点！おいしい生ジュース」、「おうちで生ジュース」（すべて池田書店）など。

料理アシスタント：高橋繭子

女子美術大学卒業。認知症の義母を介護しながら、叔母の川野妙子のアシスタントを務める。細工料理、おいしく見せる料理の盛付けには定評がある。

佐藤 全 氏

カメラマン：佐藤 全

永年のフィルム撮影に加え、時代を見据え1998年に業界でもいち早くデジタルを導入。商品撮影・料理撮影・建築＆インテリア撮影・人物撮影・その他、フィルムからデジタルまで様々なフィールドで活躍する。

1950年　北海道函館市生まれ
1970年　故 今村昌昭氏に師事
1979年　独立しPhoto Studio ZEN設立
1981年　APA（日本広告写真家協会）正会員
1994年　IMAGE（今村スタジオグループ展）
　　　　コダックフォトサロン
2007年　銀座ギャラリーSTAGE-1にて個展 和（なごみ）のZEN
2009年　ジョルニカフェ玄にて「花車」個展

スポーツ栄養界のカリスマと競技指導者が語る

パフォーマンスを栄養でマネジメントする！
"勝つためのカラダづくり"とは？

「スポーツ栄養学」の理論と実践を通して、筋肉づくり、持久力、瞬発力、集中力、メンタル強化、けがや病気予防・改善、食欲コントロールなど、栄養管理によってアスリートのカラダをマネジメントし、プロスポーツや国際大会の現場で活躍する「公認スポーツ栄養士」。

"何を、いつ、どのように、どれくらい食べる"を操り、アスリートが必要とするカラダづくりをサポートしている。

2018年9月28日には、(一社)日本スポーツ栄養協会の設立記念セミナーが開催された。08年の北京オリンピックで金メダルを獲得したソフトボール女子日本代表チームをはじめ、2020年の東京大会へ向けて様々なアスリート、チームの栄養サポートを行うスポーツ栄養界のカリスマ、鈴木志保子協会理事長と、各競技の指導者が"勝つためのカラダづくり""スポーツ栄養マネジメント"について和やかに語り合った。

かつてのアスリートたちが まぬがれなかったスパルタ指導

鈴木 簡単な自己紹介をお願いします。

峰村 パラリンピック、水泳チーム日本代表の監督をしています。スポーツ栄養で鈴木先生とはリオパラリンピックの前年から、メダルを狙っているアスリートの体調管理を含め、個人的にお世話になったところから始まりました。そこで、ものすごく良い影響があったので、アスリート個人だけではなく、チームの中にもいろいろなアスリートがいますので、それぞれに適した指導をしてほしいと考え、昨年2017年からパラ水泳日本代表チームのスポーツ栄養士として指導いただいています。今年からは若い世代、次世代の育成の方にも、参加していただいております。我々は、来週の月曜日にアジアパラ競技大会に向けて、出発します。昨日の夜中に先生から最後のアスリートへのアドバイスをいただき、朝には何人かのアスリートから、ありがとう

登壇風景（左から、鈴木志保子協会理事長、峰村史世氏、鯉川なつえ氏、増田陽一氏、栗西鈴香氏）

ございます、と返事が来ていました。先生からのスポーツ栄養の知識をとてもありがたくいただいて、現場で活用しています。

鯉川 順天堂大学陸上競技部の女子監督という立場で、主に長距離ランナーたちの指導、コーチングを行っています。あと順天堂大学の女性スポーツ研究センターで主に女子のアスリートたちの研究をしながら、スポーツの振興、女性アスリートの活躍をサポートしています。私が鈴木先生に出会ったのはたぶん、私が現役のとき。鈴木先生は京都の某大学の栄養サポートをされていて、私の大学とはライバル校だったので、鈴木先生はそこのコーチだと思っていました。私が大学に戻ってコーチ職についたとき、初めて鈴木先生が栄養士であることを知り、だからあそこの大学、強いんだ！と。その場で言ってしまったほどの衝撃を受けました。今ではスポーツ栄養がアスリートをサポートするのは当たり前になっていますが、私たちの時代はそうではなく、私の現役時代はぎりぎり水を飲んではいけない時代でしたので、そういう時代から今大きく変化していることを考えると、スポーツ栄養の力を借りないとアスリートは世界では戦えない、それを実感しながら先生のお力を借りています。

ただ練習しているだけでは強くなれない

増田 マツダ㈱陸上競技部で監督をしています。鈴木先生との出会いは、ある大学でメインは女子アスリートをサポートされ、その空き時間で男子をサポートされていたときです。そのときは非常にストレートにいろいろ言われて、厳しい先生だなーと思っていたのですが、その指導が私自身の心にずっと残っていました。大学を卒業してからかなりの時間、先生とは連絡を取ることはなかったのですが、私がこういう立場でチームの面倒をみるようになり、アスリートがなかなか故障で走れない、走っていても成績が上がらない、3年ぐらいやって頭打ちになったころに鈴木先生が頭に浮かびました。以来、3年間サポートしていただいている状況です。男子アスリートは栄養面については無頓着な部分が多い。私もそうなのですが、好きなものを食べてしっかりトレーニングすれば結果は出る、と当初思っていたのですが、なかなかそれでは、日本もしくは世界では勝てない。今うちにいる山本憲二というアスリートは、東京大会の最終選考会でマラソンで出る予定になっています。先生からのアドバイスで故障を克服し、よいパフォーマンスを見せています。そういったことから、ただ練習しているだけではなかなか強くなれない、と強く感じている今日この頃です。

栗西 福島県のゴルフプロジェクトでゴルフコーチをしています。福島県南地方でゴルフ普及活動や、小学生や高校生にゴルフの指導をしています。鈴木先生とは06年から双葉地区教育構想の一環で中高生にゴルフを教える仕事につきまして、そこで栄養面を指導していただきました。そこから11年、震災で休校になってしまったので、仕事が普及活動に変わりましたが、鈴木先生はアスリートよりもスポーツマンらしい姿勢で、勝ちたいのはどっちかな？というぐらいの熱い指導で

（笑）、子どもたちに刺激を与えてくれました。そして卒業した生徒たちからは、食育と言いますか、その頃教えてもらったことが現在につながっている、という言葉が聞かれて、本当に鈴木先生に指導していただいてよかった、と思っています。

アスリートのパフォーマンスに生きる栄養指導が協会の使命

鈴木 私と関わっていただく前に、スポーツ栄養にはいろいろなイメージがあったかと思うのですが、あれば教えて下さい。

峰村 私自身がアスリートをしていた頃は、水は飲まない、根性論の世界でした。自分が指導するようになって、若いアスリートは特に女性の発育が早いなと思っていましたが、その変化と競技をする上での栄養とのつながりがあまり持てなかった。その中でサプリメントなど、先走って独り歩きするような栄養補給をして、私自身もどういう風にそこに取り組んでいいのか分からない状態でした。アスリートからもそういう声が上がっていて、体重管理をとっても、太っているアスリートは落とせ、と言われ、痩せているアスリートは太れ、筋肉をつけろと言われ、情報が断片的でした。

鯉川 私は中学までバレー、高校から陸上を始めました。ちょうど高校2年生のときから、第一回高校駅伝が始まり、そこから実業団ができて、ちょうど陸上競技長距離の創世記に自分はランナーでした。中学時代は水も飲んじゃいけないし、今なら笑い話になるようなスパルタな指導も受けた。夜練習に出ると終わるのが9時。夕飯を食べずに9時過ぎまで体育館で練習し、戻ってから夕飯を食べ、寝て起きたら、次の日は早朝からまた練習というのを成長期にやっていたので、私の身長が低いのはそのせいではないかと。そういう時代があって、バレーが嫌いになって辞めました。この功罪は大きいと思います。それから陸上に転向しましたが、長距離なので食べてはいけない、痩せなくてはいけないのであなたの身長だったらこのぐらいね、と体重設定があったり、いかに食べずに強くなるかの世界でした。たまたま私の母校はそこまで厳しくなかったのと、私自身も実家が焼肉屋だったというのもあり、いつも焼肉を食べていたので、貧血になることもなく、ここまできましたが、そういう意味では中・高はスポーツ栄養のスの字もないような生活から、大学に入って初めて栄養指導を受けました。そのとき、栄養士さんに3日間のご飯を見せなさい、と言われ提出したところ、栄養士さんが私も含め全員に、もっと食べろと。結構な量を男子も食べているのに、これじゃ少ないから食べろと書かれていました。しかし、何を食べていいのか分からないし、学生だからお金もない。栄養指導を受けた経験はあっても、生かされた経験がない、というのが私たちの時代の栄養指導でした。

鈴木 申し訳ないことです。今もそういう現状はあります。それを払拭するのが我々の協会です。

鯉川 その後、実業団に行ったら、もっと良い栄養指導をしてくれるのかと思いきや、寮にいた栄養士さんがご飯を作ってくれるのですが、チームの中で寮で食事をとっているのは私一人でした。プロのチームでありながら、栄養の知識はその程度です。女子の長距離走、花形のマラソンであっても、栄養の知識はそんなに高くないのではないでしょうか。

鈴木志保子協会理事長

鈴木　強くて伸びているうちは食べさせてもいいが、負けてくると食べさせない方がいいんじゃないかとか、揺り戻しみたいなことが何回も起こるのが陸上界でした。恐ろしい話ですよね。

鯉川　食べた方がいいとは分かっているんですが、活路を見い出すために、食べることを制限する。あと罰ゲーム的に、勝ったらケーキ食べていいけど、負けたらだめ、とか。

間違いだらけの油の摂り方、サプリメントの使い方

増田　一番最初に栄養学に触れたのが鈴木先生でした。先ほど鯉川さんからもありましたが、故障のときほど食べるな、と。それは男子にもあります。食べないと故障も治らない、というのを気付かせてくれたのも鈴木先生です。油も陸上の中ではNG。それも鈴木先生がOKだよ、と。そういうことをやると、アスリートも自然と故障が治り、自然と練習もできるようになるという良いサイクルが生まれてきたのも鈴木先生のおかげです。

鈴木　陸上の常識である、糖質は多く、油は少なく、というのがどうしてもおかしい、と増田さんへの指導の中で学びました。油をとっていないアスリートは筋膜炎、骨膜炎になりやすい。筋肉と膜の間がギシギシすると、炎症が起きてしまう。最近の論文では『Fat Adaptation』と言って、油の摂り方をコントロールする重要性が発表されました。いくら痩せなくてはならないアスリートでも、油をしっかりと摂ることはとても重要なんですよね。

栗西　講習などを受けると最後に必ず、このサプリメントをどうぞ、とアナウンスがあるのですが、それがどうなのかな、と思って先生に聞いたところ、やはり栄養から摂ってくださいと仰られました。ジュニア期はあらゆる食事から摂るということをまずはやってくださいと。あと現場について来ていただき、水分管理、体重管理もやっていただいたのは大きかった。ゴルフは最後まで集中力、体力を保つために食事が大切なのですが、的確な指導がいただけました。

鈴木　ゴルフは途中でトイレに行けません。

鯉川なつえ氏

どこにあるのか分からないから水分補給を我慢してしまう。それを練習の前後で体重を計って、これぐらい暑ければ、これぐらい（水を）飲んでもいいんだよ、と明確化することで、ラウンドを回ると必ず頭が痛くなる、という子はほぼいなくなりました。現場活動は大切だな、と思いました。

　アスリートは食べきれなくなったらサプリメントを使うこともありますが、それは発育、発達が終わったある程度のトップアスリートや、大人のアスリートの場合です。もしもジュニアでサプリメントを使ってまで運動させてしまうとオーバーロードになるので、それによって故障が出てきます。発育、発達で使うエネルギーまで運動で使ってしまうとエネルギー不足になってしまう。そうならないように運動量を減らして調節します。栗西先生や峰村監督のところも、ジュニアアスリートを抱えているので、どうしたらこの子の身長が伸びるか、これ以上食べれないと言っているけどどうしよう、というような場合、トレーニング量を減らすことについてもお話していました。これが成長期の子どもたちのサポートです。

献立を立てる人から栄養をマネジメントする人へ

鈴木　スポーツ栄養士はメニューを立ててくれる人、というイメージがあります。とりあえず3食分のメニューを立ててくれ、という

峰村史世氏

依頼が昔は多かった。今はそういう依頼は受けません。なぜかというと、私が立てたメニューをしっかりやってくれたところは一つりともないから。個人に出して、お母さんがちゃんとやってくれたためしがなく、ほうれん草と書いてあるのに、小松菜の方が安かったとか（笑）。それで最近はどうしたかというと、どういう献立の立て方をしたら良いかということに終始することにしました。献立を立てる人というよりも、マネジメントをする人というイメージを大切にしています。多くの人は栄養士、管理栄養士の仕事＝献立を立ててくれる人、それ以上のことはしない人、と思っています。献立を立ててもらった後で、管理栄養士のどこにお金がかかるの？何のためにお金を払うの？という疑問を突き付けられました。私は管理栄養士の仕事はマネジメント業だと思っています。料理を作るのは調理師さんの仕事。仕事の区分がちゃんとできています。スポーツ栄養士と調理師と組んで、サポートのために帯同していくのがよいと思います。

峰村 その話で思い出したが、栄養士の方が遠征に同行したとき、遠征後にアスリートから、栄養士さんは何しについてきたの？と。ホテルでの食事は決まっているので、そこから先が栄養士の腕の見せ所だったのに、アスリートからすると自分たちの食べたいものがないから、何か買ってきてくれないのか、リクエストしてみたけどダメだったとか、そんな声があったのを思い出しました。遠征に行ったことのある方ならお分かりかと思いますが、特に海外などは郷に入ったら郷に従え、出てきたものの中でどうやって必要なものを摂るかが重要。鈴木先生に入っていただいてからは、そいう考え方をしっかりレクチャーしてもらって、かなりハイレベルな話をしていただいたので、若いアスリートたちは、頭の中がかなり「？」だらけだったと思う。「？」になりつつも、1つ2つは拾い上げてやっていたのかな、と。

鈴木 大変ごめんなさいね（笑）。鯉川さんのところはどっぷり関わってないけれど、アスリートたちはどう思っていますか？

鯉川 私たちは大学生なのでお金がない。マツダさんのように雇っているわけでもないので、私が鈴木先生から聞いたことを学生たちに伝える、ということも多々あります。先ほども言いましたが、女子の強豪校はご飯を食べさせないことで体を作り上げてきました。それを強要してきたチームがほとんど。私がアスリートをリクルートして大学に入学させてきたときに、ご飯を食べてきたか聞くと、みんな食べてない。そこで何をするかというとご飯を食べさせるところからスタートします。そのハードルの高いこと高いこと。1年生で初めて連れて行く合宿で、4年生がバクバク食べる姿を見て、本当に食べていいんですか？本当に？と確認しながら、やっと食べ出す始末。あとで鈴木先生に教わったのですが「今までずっと食べていなかった人が急に食べたら太るわよ」と。強くさせようと思って合宿をしているのに、合宿が終わるころにはみんな太ってパンパンになってしまったんです（笑）。これはダメだと思って鈴木先生に相談したら、「この本の何ページを読みなさい」と。そこを開いたら、スプーン1杯ずつ食べる、とあって、まず全然食べたことのない人はスプーン1杯ずつから始める。それを1週間ほど続けて体重が増えなければ2杯にする。ご飯をちょっとずつちょっとずつ食べさせて、

脳にそれを慣れさせる、という話を読んで、なるほど！と。今まで我流の栄養指導だったのが、鈴木先生すごい！と思った瞬間でした。

アスリートはみんな、自信のある栄養士の指導を受けたいはず

鈴木 ある実業団の中長距離チームでは、本当にご飯を食べていなかった。食べさせようとしたところ、「もしもそれで太ったら誰が責任取るんだ」と言われ、「私が責任を取るから、今日からこういう食べ方をしてもらいます」と監督一同に説明しました。そして少しずつ食べる量を増やしていって、最初、ご飯茶碗半分食べているか食べていないかぐらいだったアスリートが1年半から2年かけて1食で250〜300g食べるようになりました。そしたら優勝しました（笑）。そうするとチームとして食べないと、勝てない、となってくるのですが、ほどほどのところで終わらせてしまうと、やっぱり食べないでいいんだ、となってしまう。誰しも冒険するのは怖いですから。

栗西鈴香氏

ただし、「私が責任取ります」と胸を張って言えるような公認スポーツ栄養士も育てていく必要があります。責任を取るのはちょっと…なんて言っていると絶対アスリートは言うことを聞いてくれないので、協会はやるべきことを自信を持って言える人を育てていかなく

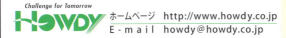

増田陽一氏

てはいけないのです。

　よく栄養士、管理栄養士で話していることは、自信がない栄養士に指導を受けることほど悲しいことはない、と。自信はあるけれども確証はないことはあります。でも私が考えていることを一人一人の身体に合わせ、一生懸命アレンジしていくことには自信があります。自信はあるけれども、本当にそうなるかの確証はやってみなくては分からない。考えていた通りにいかなかったときにどう修正できるか、がその公認スポーツ栄養士・管理栄養士のスキルになってきます。ここ2～3年、あまりにも自信がない、自信がないという栄養士、管理栄養士が多いので、それでこの協会から自信をつけてもらうにはどのような支援ができるのか、というのが課題になりました。専門職として言っていいワードと、絶対に言ってはいけないワードがあって、絶対に言ってはいけないワードの「自信がない」から言ってしまうような状況を、なんとか打破したい。自信を持っているけれど確証がないからしっかりサポートしていく。それを続けていきたいと考えています。

アスリートの危機を救う！
スポーツ栄養の正しい知識

鯉川　95年に福岡でユニバーシアードがあ

り、その時私は日本代表としてマラソンを走りました。暑かったので2時間35分台だったら、そのままアトランタ五輪の選考にすると言われていました。そのレースをトップで走っていたのですが、39キロ地点で倒れ、死にそうになって途中棄権した。2位とも7分ほど差があり、歩いていても勝てるのではないかと言われましたが、今思うと熱中症という言葉を初めて使ったのが、私の事故だったのではないかと思います。あのときちゃんとした栄養士さんとか、パーソナルな人がいたら、私はアトランタに出場し、メダルを取っていたかもしれません。

鈴木　私、あのとき福岡にいたんです。某大学のサポートで。何であんなことが起こるの?!と思いました。

鯉川　失敗した原因は何なのかというと、私は直前に高地トレーニングをしていて、絶好調だったんです。今でこそ研究職なので分かるのですが、高地トレーニングは脱水が進む。それなのに水分をいつも通り摂っていたことがまずダメだった。結局熱中症で倒れた後病院に運ばれて、そのとき日本のドクターはみんな「酸素吸入だ！」と。たまたま居合わせたアメリカのチームドクターが、酸素マスクをとって、初めてウエアを脱がせて身体を氷で冷やしてくれて、のどが渇いたので、点滴を入れる前に水を飲んだら、自分の身体がヒートアップしているので、エンストしている車に水をかけるのと一緒で、全部吐いてしまった。そのとき出てきた物が前の日に食べたキノコのスパゲッティでした。今でこそ前日に消化の悪いものを食べるなとか、高地トレーニングでは水をたくさん飲め、と言いますが、当時はまったく知識がなかったので。私は栄養士に出会っていない悲劇でした。

鈴木　あの日はすごく暑くて、湿度が90％以上あり、じっとしていても暑くて、これは嫌な感じだな、と感じていました。悲劇の後、自分のチームの監督に、もし自分のチームのアスリートでああいうことが起こったら、躊躇なく抱きかかえて救急車に乗せるから、と

言いました。あの時、あまりに苦しんでいる時間が長かったから。やはり時代でしょうか。

鯉川 当時、熱中症という言葉もなかったので、誰も止められなかった。湿度が高いので発汗した汗が蒸発しない。ここでちょっと止まって、沿道の人に乾いたタオルかハンカチを借りて汗を拭いたら失格になるのか、と真剣に考えながら走っていました。置いてあるのは濡れているスポンジなので役に立たない。知識不足が仇になりました。

栄養が国民のために
活躍する世界を協会がつくる

鈴木 スポーツ栄養あるいは協会に期待したいことがあれば、教えてください。

峰村 パラスポーツは東京大会が決まったことで、ものすごく注目され予算もついて強化されています。パラリンピックはオリンピックと同じレベルでの成績を求められていると、ひしひしと感じています。興味を持って応援してもらうのはうれしいこと。これからいろいろやっていかなくてはいけない中で、やはり栄養という部分では、水泳は個人スポーツですし、パラのアスリートはそれぞれ障がいがあります。水泳に関してはどんな障がいを持っていてもできるスポーツであり、代表チームの中にもいろいろな障がいを持ったアスリートがいるので、栄養の摂り方、それがどのような反応を起こして出てくるのかもまちまちなので、やはり個別のサポートを期待しています。障がいが腕や足の欠損だった場合、単純に体脂肪を計るのも難しく、体組成がうまく出せないことがありましたが、先生に協力していただいて、その部分のサポートはしていただけるようになった。障がいについては私も日々勉強している。そこに対応した指導をしていただけるとすごくありがたいですね。

鯉川 生まれた時から食べるとか、飲むとかの行為は毎日行っているものだけに、それが習慣になっている人も多い。特にコーチングの現場では、コーチが行ってきた過去の実績

平安時代の主食「固粥」
スーパーフード「キヌア」配合で復活!!

簡単便利毎日モーニングチャージ®

ダイエットの方、頭脳労働の方も　　**お年寄りも、ご婦人も、お子様も**

KISSBEEモーニングチャージの"固粥"

創業51年記念商品

平安固粥 キヌア入り（缶入）

家庭用 230g×12缶セット　4,560円（税抜）　賞味期間 3年間　贈答品にもピッタリ

缶詰だからできた毎日食べたい穀物の美味しさ逸品です！

古来からの日本人の主食であった玄米のおかゆ（固粥）にチャレンジしてみましょう！
＊美味しく歯ごたえもありますので毎日食べても飽きません。食べ方は人それぞれで、お味噌や梅干しなども合います。

五穀あずき玄米おかゆに現代のスーパーフード"キヌア"を配合。厳選した国産こしひかり玄米に小豆、大豆、ハト麦、自然海塩（0.3％）を加え、高圧釜で製品化しました。

― お子様の栄養食にもピッタリ・なんと幸せ健全食® ―

販売 kissbee **キッスビー健全食株式会社**　0120-0545-83（オイシイ ハチミツ）

〒181-0014 東京都三鷹市野崎2-17-34　TEL：0422-32-7433　FAX：0422-32-7425　E-mail：info@kissbee.jp

とか、過去の栄光の通りにやれば、こいつも強くなるだろう、と経験値にとらわれることが多い。この協会に期待することは、食習慣とか、コーチの経験値は刻一刻と古い情報になっている、ということを私自身が改めて感じているだけに、新しい情報をすぐさまアスリートやコーチに届けてもらえるような、スピーディーな協会にしてほしいです。そしてパーソナルという言葉が出ましたが、トップアスリートじゃなくても、サポートしていただけるようフットワークの軽い協会となるように期待しています。

増田 なぜか分からないけど伸び悩んでいるアスリートはたくさんいます。そういうアスリートたちに、個人的に目が届くサポートをしていただけたらと。強くなるための要素としてフィジカル、メンタル、栄養の3本柱がスタンダードになってくるような活動をしていただければと思います。

栗西 鈴木先生に、体は口から入れたものからでしかできない、作り上げていくことができないということを教わりました。私はジュニアを対象に見ているのですが、しっかりした大人になっていくために、教育現場に入って、小学生、中学生、高校生をしっかり指導していただきたいと願っています。

鈴木 ありがとうございました。協会はできたばかりで、一生懸命がんばってまいりますが、私1人でできる範囲は決まっています。まずは同じようなマインドの公認スポーツ栄養士や管理栄養士・栄養士を増やしていって、この国自体が栄養に関しての発信を力強くやっていけたらな、と思います。パワフル度から言って、ほかの栄養業界の方よりも公認スポーツ栄養士の方がパワーは持っていると思います。ぜひ、協会が発信者となり、ここからドミノ倒しのように、栄養がどんどん国民のために活躍できるようにしていきましょう。

皆さん、今日は本当にどうもありがとうございました。

たべる人のカラダを考える。つくる人のキモチを考える。

お客様の満足こそ私たちの喜びです。！
みんなの笑顔の為に、精一杯努力しつづけます。！！
それが私たちピアットです。

piatto 株式会社ピアット

代表取締役　社長　横田　真太郎

〒335-0034　埼玉県戸田市笹目1-41-4
TEL.048-422-0081　　　FAX.048-422-0080
URL http://www.piatto.co.jp　E-mail:info@piatto.co.jp

登壇者の略歴

鈴木 志保子 氏
（一社）日本スポーツ栄養協会理事長。公立大学法人神奈川県立保健福祉大学保健福祉学部栄養学科教授。管理栄養士。公認スポーツ栄養士。（公社）日本栄養士会副会長、NPO法人日本スポーツ栄養学会前会長、日本パラリンピック委員会女性スポーツ委員会委員、東京2020組織委員会飲食戦略検討委員。マツダ株式会社陸上競技部、日立ソフトボール部、（一社）日本身体障がい者水泳連盟、（一社）日本車いすバスケットボール連盟（男子代表チーム）、車いすバスケットボールチームNO EXCUSEなど、数多くのトップアスリートの栄養サポートに従事。東京都出身。

栗西 鈴香 氏
プロゴルファー。LPGAプロフェッショナル会員、ティーチングプロフェッショナル資格A級、LPGAジュニアゴルフコーチ。2015年LPGAアワード2015ティーチャーオブザイヤー・日本プロスポーツ功労賞受賞。兵庫県出身。

鯉川 なつえ 氏
順天堂大学 陸上競技部女子監督。同大女性スポーツ研究センター副センター長。日本学生陸上競技連合強化委員、女性スポーツ医学研究会理事、日本陸上競技学会理事。（一社）日本スポーツ栄養協会理事。福岡県出身。

増田 陽一 氏
マツダ㈱ 陸上競技部監督。2010年に監督就任後、15年から3年連続で中国実業団駅伝を制覇。東京マラソン2018では山本憲二選手を9位（日本人選手5位）＆MGC（マラソングランドチャンピオンシップ）の出場権獲得に導く。京都府出身。

峰村 史世 氏
（一社）日本身体障がい者水泳連盟 理事。障がい者水泳日本代表コーチ。自身のチーム「MINEMURA ParaSwim Squad」を結成し、パラリンピックを目指す若手アスリートの指導も行う。（一社）日本身体障がい者水泳連盟理事。

特集 I

2020年に向けた全国各地のムーブメント

内閣官房東京オリンピック・パラリンピック推進本部事務局に聞く

2020年に向けて盛り上がりをみせる全国各地の日本の食発信の取組み
～GAP食材を取り入れた食事提供、ホストタウンにおけるイベントなど～

東京2020大会まであと2年を切り、全国各地でオリンピック・パラリンピックを盛り上げるイベントが開催されている。東京大会への食材提供を目指す自治体や生産者の取組みや、GAP認証※等を取得した食材を使用した特別メニューが関係省庁の食堂や企業の社員食堂で提供されている。また、日本の自治体と、東京大会に参加する国・地域の住民が、スポーツ、文化、経済等を通じて交流し、地域の活性化等に生かしていく「ホストタウン」の輪も広がりを見せている。

東京大会に向け全国各地で活発化するこのムーブメントについて、内閣官房東京オリンピック・パラリンピック推進本部事務局の勝野美江さんに詳しく話を聞いた。

※ GAP…農業生産工程管理（Good Agricultural Practiceの略字）。農業において、食品安全、環境保全、労働安全等の持続可能性を確保するための生産工程管理の取組みをいう。農業者や産地が取り入れることで、持続可能性の確保や競争力の強化、品質の向上、農業経営の改善や効率化に良い影響を与え、消費者や実需者の信頼の確保が期待されます。

東京大会開催に向けた全国各地の盛り上がりを楽しそうに話す内閣官房 参事官の勝野美江さん

東京大会の飲食戦略が目指すものとは？

—大会で求められる飲食提供とは

東京2020組織委員会では2018年3月28日に『飲食提供に係る基本戦略』（以下、『飲食戦略』）を策定しました。そこで、東京大会が飲食提供を通して目指すものとして、食品衛生、栄養、持続可能性等への各種配慮事項を網羅した飲食提供に努め、生産・流通段階を含めた大規模な飲食サービスの対応力の向上を

図るとしています。また、食品安全については、東京大会が盛夏の時期に開催されることに十分配慮した食中毒予防対策を講じるとともに、国際標準への整合も含め、先進的な取組を推進するとしています。

持続可能性については、従来から培われてきた生産から消費までの信頼に加え、GAP認証等やこれに準ずる取組みによって、国際化への対応も促し、食品廃棄物の抑制など環境に配慮した取組みを推進することも明記しています。

東京大会では、数多くの国・地域から外国人の方が訪日されるので、日本の食・食文化の良さを改めて理解し、発信するきっかけとなるよう、食文化の多様性に配慮しつつ、外国人が受け入れやすい日本の食による「おもてなし」を追求することが大事です。

―飲食提供事業者の選定状況を教えてください

東京大会の飲食の提供場所（提供対象）は、選手村のアスリート及び選手団用の食堂だけではありません。各競技会場やカジュアルダイニング、ワークフォース（スタッフ向け）、メインメディアセンター（メディア向け）、ホスピタリティーセンター（スポンサー向け）、IOC（国際オリンピック委員会）――と多岐にわたり、食べる方に合わせたメニューを質、量ともに揃える必要があります。

組織委員会では現在（2018年11月時点）、その多くの方々の関心が高い選手村の飲食提供事業者の募集・選定を、想定される規模・内容をもとに進めています。（次ページ【表】参照）

選手村の飲食提供事業者が決まれば、順次、その他の食事提供も19年春頃には募集をかける予定です。その後、提供メニューを組織委員会が策定して、来年の秋頃にIOCに提出する予定と聞いています。

オールジャパンで大会に関わりを持つ体制を構築

―大会ではどのような食材が使用されるのか

『飲食戦略』では、「大会の飲食提供においては、予算の範囲内で国産食材を優先的に活用する。」、また「被災地で生産された食材を

【表】 選手村の4つの飲食提供エリアの提供規模

提供エリア	メインダイニング	カジュアルダイニング	グラブ＆ゴー	スタッフダイニング
提供内容	・選手団へ飲食を無償提供する拠点。 ・過去大会と同等レベルの食事を提供。	・日本食や地域特産物を活用した食事の提供。	・時間のない選手及び選手団役員がテイクアウトできる軽食等を提供。	・現場調理したホットミールを提供。（スタッフの多様な食習慣にも配慮）
設置エリア	居住ゾーン	居住ゾーン	居住ゾーン	居住ゾーン
主要な利用者	各国地域選手及び選手団	各国地域選手及び選手団	各国地域選手及び選手団	スタッフ
席数	4,500席	400席	――	800席
1日最大食数の想定	45,000食／日	3,000食／日	1,500食／日	10,000食／日
オープン時間（想定）	24時間	午前6時～午後9時	午前7時～午後2時（競技スケジュールに合わせ、柔軟に対応）	朝食、昼食、夕食、深夜食に時間帯を分けてオープン

出典：東京2020組織委員会

活用したメニューを各ステークホルダーに提供することで、高品質の食材を生産できるまでに復興した現在の被災地域の姿の発信に寄与していく。」と記載されています。

一方、「持続可能性に配慮した調達基準」を満たした国産や被災地産の食材を積極的に調達するためには、選手村・カジュアルダイニング等を中心に飲食提供の場において産地名等の情報を発信することが重要と考え、産地名等の表示ができるようにすることを組織委員会に確認しました。内閣官房東京オリンピック・パラリンピック推進本部事務局及び農林水産省

わたしたちは、子どもたちの健やかな成長を祈って「おいしさの追求」はもちろんのこと、「栄養や健康への配慮」、大量調理する上での「簡便性」に取り組み、「食育」のお手伝いをしてまいります。

～「乳・卵」アレルゲンフリー商品～

主食から主菜、デザートまで、いろいろなメニューで「乳・卵不使用商品」をお選びいただけます。

 テーブルマーク株式会社

http://www.tablemark.co.jp/

連名で、各都道府県に対して、国内の産地における供給可能な食材名、量、認証の種類などの詳細な情報を収集しており、その結果を決定した飲食提供事業者に渡して、食材調達の参考にしてもらう予定です。これらの取組みを通じてGAPなどの認証取得の動きを後押しすることにもつなげて行きます。

せっかく日本で大会が開かれるのだから、これを好機に、オールジャパンで大会を盛り上げたいと考えます。食材の提供を通じて大会に関わりたいという、都道府県・各自治体・生産者からの強い意欲をできる限り組み入れる体制を構築したいと思います。選手もパフォーマンス向上のため頑張っていますが、生産者の方も、自分の食材を届けたいという思いで頑張っています。それをどこまで実現できるか、調整を続けたいです。

持続可能性に配慮した生産物の活用で食育も
—しかし、大会で使用される食材量はそこまで多くないのでは

大会自体は2ヶ月間に過ぎません。そのため、大会のためだけに頑張ってその先に何もないというのは良くないので、大会に向けたプロセスや大会後のことをしっかり考える必要があります。

例えば、アスリートやスポーツをする子どもたちに持続可能性に配慮した生産物をこれからも食べていこう、という意識を育んでもらいたい。食育的な観点で、アスリートや大会に関わる様々な人々の食事だけでなく、食材にも興味を持ってもらうよう、産地名等の情報発信に努めることが重要です。

GAP等認証食材の活用が
関係省庁・自治体・企業でも
—調達基準をクリアした食材の活用について

GAP等認証を取得した食材を使用したメニューが日本各地、様々な場所で提供されています。

例えば、中央合同庁舎7号館では17年12月にサスティナブル・メニューフェアを開催し「マグロとカツオの漬け丼」「天まぶし」を提供しま

GAP認証をとった野菜のサラダバー　　鮭と美白ナスの味噌チーズ焼き　　肉厚しいたけの挟みメンチカツ

GAP等認証を取得した食材活用メニューフェア

した。使用されたマグロもカツオもお米もすべて調達基準を満たした食材です。

また、中央合同庁舎8号館でも18年9月に被災3県の調達基準を満たした食材を活用したメニューを提供。限定1日150食でしたが、あっという間に全て完売しました。

—調達基準を満たした食材は価格が高いのでは

8号館でのフェアではどれも650円でリーズナブル。基本的に、認証をとることで値段が上がるわけではありません。現状、高付加価値な食材を作っている生産者が認証を取得している例が多いので高いイメージがあるだけではないかと思います。

—大会への食材提供をすすめている自治体は

都道府県の中でも、県を上げて大会への食材提供体制の整備を行っているのが、北海道、青森県、岩手県、山形県、福島県、千葉県、岐阜県、三重県、徳島県、宮崎県、鹿児島

食の安全・安心、健康等について、消費者への
正確・適正な情報提供、保健衛生等の普及、啓発、
相談、従事者の人材育成により
給食サービスの質の向上に取り組んでおります。

公益社団法人 日本給食サービス協会

【執行部（三役会）】

会　　　　長	西　　剛　平	㈱レパスト 代表取締役社長
会　長　代　行	濱　田　　茂	㈱ナフス 代表取締役
副　会　長	室　田　義　男	東北フードサービス㈱ 代表取締役
副　会　長	岩　見　竜　作	㈱レクトン 代表取締役
副　会　長	西　脇　　司	日本ゼネラルフード㈱ 代表取締役社長
副　会　長	藤　井　俊　成	㈱テスティパル 代表取締役社長
副　会　長	小笠原　敦　子	㈱サンマーチ 代表取締役会長
相談役理事(前会長)	田　所　伸　浩	㈱魚国総本社 代表取締役社長
専　務　理　事	佐　伯　弘　一	協会事務局

〒101-0041 東京都千代田区神田須田町1-24-3 FORECAST神田須田町ビル8F TEL 03-3254-4614 FAX 03-3254-4667
URL http://www.jcfs.or.jp　　E-mail:nittukyu@jcfs.or.jp

県の12道県です。そして体制整備の意向あり、と回答いただいたのが新潟県、大阪府、兵庫県、島根県、山口県の1府4県です。

中でも、岐阜県や徳島県では県庁食堂でGAP等認証を取得した食材を使用したメニューフェアを実施しています。例えば、徳島県庁ではGAP等認証を取得した食材（ひすいナス、いちご、生しいたけ、かいわれ、ブロッコリースプラウト、豆苗、リーフレタス、トマト、エディブルフラワー、ゆず酢）を活用して、サラダバーや「鮭と白ナスの味噌チーズ焼き」「神山のしいたけ入り肉じゃが」「肉厚しいたけの挟みメンチカツ」といったメニューを提供され、県庁職員だけでなく来庁者にも大人気で好評を得たそうです。（写真）徳島県では、引き続き、旬なGAP農産物を用いたメニューフェアを実施するとともに、強化合宿等に訪れたホストタウン対象国等への食材供給も検討されています。

―企業でもGAP食材が使用されているとか

ANAグループでは17年12月から18年2月にかけて、羽田・成田発国際線ファーストクラスの機内食に、日本の高校で初めてGAP認証を取得した青森県立五所川原農林高校の生徒が育てたお米を使用しました。

JR東日本はいわき市で農業者と連携し農業法人「JRとまとランドいわきファーム」（GAP認証取得済）で生産したトマトを首都圏で販売するとともに、グループが運営するハンバーガー店や、コンビニエンスストア等で販売しています。

また、富士通グループは「会津若松Akisaiやさい工場」で生産する高付加価値野菜（リーフレタスやほうれんそう）でGAP認証を取得し、インターネットやスーパー等で販売しています。

ホストタウンでは選手村に近い食事が提供　公認スポーツ栄養士の活躍も

―ホストタウンの取組みについて詳しく

ホストタウンとは、日本の自治体と、2020年東京大会に参加する国・地域の住民等が、スポーツ、文化、経済等を通じて交流し、地域の活性化を活かしていくものです。大会前後で、大会に参加する外国人選手と交流するとともに、相手国からゲストを招き、歴史や文化を知るなど双方間で交流が行われています。現

[北海道の士別市で行われた台湾のウエイトリフティングチームの合宿風景]
1 公認スポーツ栄養士による栄養講義　2 地元の高校生との交流　3 合宿所で日本食を楽しむ選手

在の登録数は271件で、自治体数は341、相手国・地域数は107となっています。

　事前合宿を行うホストタウンでは、組織委員会の調達基準と「飲食戦略」を参考に、選手村に近い食事の提供を可能な範囲で行うことが大切です。スポーツ栄養にも対応したベストパフォーマンスを発揮するための食事、選手にとっての日常食、食品安全・ドーピングコントロール等への配慮、宗教上の配慮やアレルギー等への対応も求められます。また、単に食事を食べてもらうだけでなく、収穫体験、調理体験、生産者等との交流など、地域の食文化を楽しんでもらうことも重要です。

　例えば、北海道の士別市では、2018年2月、2回にわたり台湾のウエイトリフティングチームを合宿に招へいしました。合宿期間中には、公認スポーツ栄養士の指導に基づき、士別産のGAP食材をはじめとした安全・安心な食材を活用したメニューの提供や、市内の農業生産者や中高生との交流イベントなどを開催。事後、選手に実施したアンケートでは、「合宿で士別市にまた来たい」「安全・安心な士別産の食材を人に勧めたい」と回答する割合がそれぞれ9割を超えるなど評価が高く、今後の合宿誘致や経済交流などが期待されます。

　鹿児島県鹿屋市で実施されたタイの女子バ

レーボールナショナルチームの合宿では、選手団が鹿屋市到着早々に、KGAP（鹿児島県のGAP）を受けたかぼちゃを使ったアイスクリームで歓迎。また、鹿屋中央高校調理クラブの生徒たちは、KGAP認証を受けた地元のかぼちゃとお茶を使ったメニュー「かぼちゃのムース抹茶添え」と「かぼちゃ入り鶏肉のトマト煮」を考案し、歓迎レセプションで提供。生徒たち自ら、レセプションでメニューを紹介し、タイの選手たちと交流しました。

これらの取組みが大会本番に向けて、より一層活発化していくことを期待しています。地域の農家や小中学校・高校の児童・生徒が関わったメニューがその後、商品化され販売されると、大会が終わっても、大きなレガシーになります。

東京大会が国民の食育になる

―大会を国民みんなが楽しむためには

食事は楽しいものですが、運動する人や目的がある人にとっての食事は食べ方が変わってきます。どのような食材を選びどう食べるかが体に影響するし、社会にも影響する。トップアスリートになればなるほど、その人の食べ方が周りに大きな影響を及ぼすからです。だからこそ、生産者の方は東京大会に向けて、自分たちが作った食材を選手に食べてもらいたい、と思うと考えます。あの選手に食べてもらったというのが、その人の誇りになる。そういう皆さんのワクワク感を作り出せるよういろいろ考えていきたい。

どうやって国民みんなが大会に関わり楽しむことができるか、その体制整備が私の仕事です。

家族みんなで食事をする時も、食卓の話題に挙がれば嬉しい。「スポーツのパフォーマンスを良くするためには食事が大事なんだよ」、「この食材は大会の調達基準を満たしたものだよね」など、大会が、アスリートの食や持続可能性に配慮した生産物への興味関心を育むきっかけになってほしい。大会が食卓の話題提供になり、国民の食育につながることを期待しています。

東京2020ゴールドパートナー㈱明治、全国各地で「meiji Tokyo 2020 Fes」開催
はじける笑顔、育て、からだ、育て、こころ

　2020年に向けて、大会を盛り上げる企業の取り組みが日本中を熱くしている。中でも、㈱明治は東京2020ゴールドパートナーとして、その夢の舞台を楽しみにしている子どもたちに向けて「スポーツの楽しさ」と「食の大切さ」をカラダ全体で感じてもらうイベント「meiji Tokyo 2020 Fes」を全国で開催している。

　トップアスリートと一緒に楽しむスポーツ体験をはじめ、成長期の子どもに適した食育プログラム、自分に合ったスポーツを見つける運動能力測定「キミに向いているスポーツはこれだ!」など充実した内容で、子どもたちの夢を全力で応援。スポーツ栄養学の知識やノウハウ、多彩な商品の持つ力を通じて、子どもたちの健康増進とキラキラ輝く笑顔を創出する。

トップアスリートとスポーツ体験

　「meiji Tokyo 2020 Fes」は2017年7月から始まり、これまで東京、千葉、愛知、福岡、大阪、宮城など全国各地で、小学校高学年（4～6年生）と保護者を対象に開催されている。

　毎回、日本を代表するトップアスリートが駆けつけ子どもたちに直接、スポーツの楽しさやパフォーマンスを向上させる方法を伝える。特別指導を受ける子どもたちは大興奮だ。

登坂選手といざ勝負！

　例えば、レスリングの特別授業では、吉田沙保里選手や登坂絵莉選手らと、実際に選手たちが行っているトレーニングを体験。子どもたちは丁寧な指導を受けてレスリングへの興味を大いに持った。「吉田選手や登坂選手に指導してもらえてうれしかった！」「いろんなスポーツが体験できて、2020年がもっと楽しみになりました」と、らんらんと目を輝かせて喜びを語った。

　吉田選手は「スポーツや食に興味を持って頑張って欲しい」とエールをおくる。登坂選手は「レスリングを体験したことがない子どもたちがレスリングに触れることができ、みんなで楽しく過ごせて良かった」と話した。

栄養と食事の大切さを伝える食育プログラム

　そして、スポーツの楽しさとともに伝えるのが、食の大切さである。明治食育プログラムでは、クイズ形式で子どもたちに分かりやすく健康や栄養の知識を伝えている。

栄養満点のお弁当に興味深々

　時には㈱明治の管理栄養士が栄養サポートした選手とともに登壇し、強いカラダを作る栄養と食事のとり方を、提供されたお弁当で具体化することなどで毎日の食事において栄養バランスが大事ということを伝えている。参加した子どもたちは「話を聞いて食事のバランスが大切なんだと実感した」「苦手な野菜も食べようと思えた」とコメントしている。

カラダもこころもほぐす meiji POWER!体操

　オープニングプログラムとして、子どもたちとゲストアスリートが一緒になって取り組むのが「meiji POWER!体操」である。

「meiji POWER!体操」

㈱明治が独自に開発した、キャッチーな振り付けが印象的な準備体操で、子どもたちは毎回、はじめて目にする体操に少し戸惑いながらも、見よう見まねで身体を動かしているうちに夢中になり、体操を終えるとみんな笑顔になっていた。

「POWER！ひとくちの力」をチェック

　東京大会まであと2年を切った。「meiji Tokyo 2020 Fes」は2020年に向けて開催を継続していく。㈱明治ホームページ「POWER！ひとくちの力」をチェックして、「スポーツの楽しさ」と「食の大切さ」をカラダ全体で感じてもらうきっかけにして欲しい。

私にとっての"成長"とは、
昨日の自分を越えること。

リオ2016オリンピック 金メダリスト
登坂絵莉

育て、からだ。
育て、こころ。

POWER! ひとくちの力

2020年、日本にオリンピックがやってくる。その日を迎える時、夢を追うすべての人がベストを尽くせるように。明治はトップアスリートへの栄養指導・商品提供をはじめ、「meiji Tokyo 2020 Fes」の開催、からだづくりをサポートする商品の発売など、さまざまな"ひとくちの力"でみんなの成長を応援していきます。

東京2020オリンピック・JOC ゴールドパートナー（乳製品・菓子）

株式会社 明治

気くばり御膳® PowerDeli パワーデリ®

たんぱく質をしっかり摂って運動する方に。積極的なからだづくりを応援します。

炭火焼チキンのサルサ風ソース＆
豚肉のカレーソースプレート

- 糖質 平均16.2g※
- カロリー 376kcal※
- 食塩相当量 2.7g※
- たんぱく質25g以上 主菜2品
  成人1日当り食事摂取基準推奨量の約4割

※2018年10月1日現在、気くばり御膳パワーデリ10品の平均です。

●お届け形態
容器サイズ タテ16.8cm×ヨコ18.9cm×高さ4.2cm

国内製造 / レンジ / 冷凍

写真はイメージです。

ニチレイフーズダイレクト

商品の詳しい内容はWEBをご覧ください
https://wellness.nichirei.co.jp/shop/pages/kikubari_powerdeli.aspx

特集 II

メーカーが提案する
アスリートや
運動好きな方々への
食品・メニュー提案

筋肉（マッスル）の運動に着目したアスリート向け食品
マッスル麺® ミックス粉（MS02）

　吉原食糧（香川県坂出市、吉原良一社長）は、スポーツ愛好者に向けた「アスリート食」として、筋肉の運動をスムーズにし「攣り」や「こむら返り」を防ぐことを目的とした「マッスル麺®」を開発した。マグネシウムとカルシウムは、マラソンやトライアスロンといった持久系スポーツに欠かすことのできない要素。それらをバランスよく配合し、かつ日常の食事で摂取しやすくしたのが「マッスル麺®」である。同社は香川県に本社を置く製粉企業であり、これまでも機能性の高い小麦粉体製品を開発してきた。「マッスル麺®」は製麺用ミックス粉であり、また、同商品を使った麺及び粉類を「マッスル麺®」として商標登録し、特許出願中である。

マグネシウムとカルシウムの働き

①筋肉の伸縮に係るミネラル

　マグネシウムは、体内の300種類以上の酵素反応に関わっており、ほとんど全ての生合成や代謝反応に必要なミネラルの一つだ。そしてカルシウムも、骨や歯の形成に重要な働きをするほか、血液凝固の促進など多くの生命活動に深く関わっている。中でも、**マグネシウムは筋肉を弛緩させ、カルシウムは収縮させる機能がある。**（右図）これら二つのミネラルの拮抗した働きによって、筋肉はスムーズに伸縮運動をしている。

　マグネシウムとカルシウムをバランス良く摂ることは、マラソン等の持続系はもとより、筋肉を瞬間的に動かす競技など、スポーツ全般に重要なこと。「マッスル麺®」はマグネシウム等の**筋肉の運動に関わるミネラルを最適な調合でミックス**し、スムーズな動きにすることを目指して開発された。

②失われやすいマグネシウム

　マグネシウムは発汗等によってカルシウムより多く失われやすい栄養素である。そのため、長時間の運動後の筋肉にはカルシウムの方が多く存在し、収縮が過剰に起きる場合がある。これが「**足が攣る**」、「**こむら返り**」という現象となる。アスリートはそれらを防ぐため、日常から糖分・塩分だけでなく特にマグネシウムなどのミネラルを積極的に摂取すべきとされている。

日本人とマグネシウム

　他国に比べて、**日本人の食生活はマグネシウ**

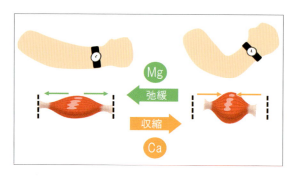

ムが不足していると言われている。また通説として、降雨が多く急な斜面が多い日本では、地中のマグネシウムやカルシウム等のミネラル分を洗い流しやすいため土壌がミネラル不足で、飲料水が軟水となりやすく、育つ野菜もミネラルが不足傾向にあると言われている。

弾力の強い食感「中華麺（ラーメン）風の麺」～かん水不使用～

　ラーメンの製麺に使用する「かんすい」は、炭酸ナトリウムや炭酸カリウムの混合物で、その水溶液は強アルカリ性である。これを小麦粉と混ぜ合わせると、小麦粉中のフラボノイド色素が黄色に発色し中華麺独特の色合いと風味、グルテンを収れん（引き締める）させる作用によって、強い麺の弾力が生まれる。

　マッスル麺用ミックス（MS02）に使用しているマグネシウム・カルシウムも水でミキシングされると強アルカリ性になるため、中華麺と同等に黄色く発色する。麺の食感・風味は中華麺そのもので、**かん水を使用しなくても、むしろ弾力性が強く、茹伸びも遅い秀逸な中華麺風**に仕上がるのも特徴の一つ。

筋肉（マッスル）の運動に着目したアスリート向け食品！
マッスル麺®
特許出願中　MIX粉

Magnesium and calcium

マグネシウムは筋肉を緩め、カルシウムは収縮させる働きがあり、筋肉の伸縮に重要な働きをします。

しかし、特にマグネシウムは、運動時の発汗等により排出されやすく、うまく筋肉が緩まないことがあります。これが俗に言う「こむら返り」などの筋肉の攣りです。

ですから、マグネシウムとカルシウムをバランス良く摂ることは、マラソン等の持続系はもとより、筋肉を瞬間的に動かす競技など、スポーツ全般に重要なのです。
「マッスル麺」はマグネシウム等の筋肉の運動に関わるミネラルを最適な調合でミックスし、スムーズな動きにすることを目的として開発しました。

麺の食感・風味は中華麺そのもので、むしろ弾力がより強く秀逸な麺に仕上がります。

マグネシウムとカルシウムの機能

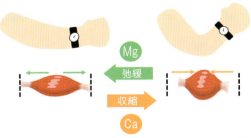

● 詳しくは、当社HPの〈【新商品】アスリート応援食「マッスル麺」〉「マグネシウム&カルシウムと筋肉の関わり」を参照ください。
https://flour-net.com/health/toku/entry-25.html

「マッスル麺」の栄養成分について

❶ マッスル麺は、「Mg、Caが豊富に含まれる麺」といった表現が可能です。（消費者庁「食品表示基準」に基づく）

❷ マッスル麺1食（茹麺200g）だけで、MgとCaの日本人の摂取推奨量（1日あたり）の60〜80％を満たします。（以下参照）

【18〜29歳男性の場合】	Mg：1日の推奨量の約65％	Ca：1日の推奨量の約66％
【30〜49歳男性の場合】	Mg：1日の推奨量の約60％	Ca：1日の推奨量の約80％

厚生労働省「日本人の食事摂取基準（2015年版）」

お気軽にお問い合わせ下さい。

麦から新しい機能性を創る
吉原食糧株式会社
〒762-0012 香川県坂出市林田町4285-152

Tel:0877-47-2030
E-mail:info88@flour-net.com

🔍 吉原食糧 検索　f 吉原食糧 検索

HP　　Facebook

SEE THE SUNの「ZEN MEAT」が話題沸騰！
高タンパクで低脂質！減量に取り組むアスリートに最適!!
※ヴィーガン・ベジタリアンのアスリートにも対応

神奈川県葉山町発のフードベンチャー㈱SEE THE SUNの玄米入り大豆ミート「ZEN MEAT」が、女性誌を中心に様々なメディアに取り上げられ注目を集めている。大豆と玄米からできた、まるでお肉のような食感のヘルシー食材として、美容や健康意識の高い女性達を虜にしている。

特長は、手軽に動物性肉と同等のタンパク質を摂取でき、低脂質なところ。（図参照）さらに動物性原料不使用なので、近年海外を中心に増加傾向にあるヴィーガン（完全菜食主義者）やベジタリアンといった多様な食のニーズにも対応。種類はフィレ、ミンチ、ブロックの3タイプで、様々な料理に応用できる。またグルテンフリー、コレステロール0、添加物不使用も嬉しいところ。この注目の新ヘルシー食材をアスリートの皆さんも活用してパフォーマンス向上につなげてほしい。

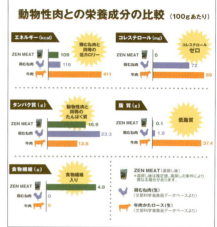

動物性肉との栄養成分の比較（100gあたり）

★ZEN MEAT等、SEE THE SUN公式オンラインショップで販売中　URL https://seethesun.jp/shop/

ZEN MEATのビビンパ丼レシピ（4人前）のご紹介

森永製菓㈱　トレーニングラボ
公認スポーツ栄養士　管理栄養士
三好 友香 さん

減量等の体重コントロールが必要なアスリートは、日々の食事から摂取する脂質を抑える工夫をしていることと思います。しかし、アスリートに必要なタンパク質の摂取に重要な牛肉や豚肉は比較的脂質を多く含んでおり、タンパク質の摂取量を増やすことで脂質の摂取量も増えてしまう可能性があります。

ZEN MEATは牛肉や豚肉と比べて脂質は低いですが、タンパク質は同程度含まれているため、摂取エネルギー量を制限しているアスリートにおすすめです。低脂質でタンパク質を多く含む食材は、鶏肉や赤身の肉、脂の少ない魚などに限られているため、レパートリーの1つにZEN MEATを加えることで、メニューの幅が広がると思います。

また、肉類や魚類と比較して食物繊維を多く含んでいるため、野菜等の準備が難しい場合の食物繊維の摂取にも利用できます。

今回のメニュー「ビビンパ」は通常牛肉を利用することが多いですが、その場合と比べて、脂質は38%（1人前あたり13.5g）減らすことができ、食物繊維は47%（1人前あたり4.2g）多く摂取することができます。

ビビンパではミンチタイプのZEN MEATを使っていますが、ブロックタイプの商品はより噛みごたえがあり満足感を得やすいため、減量に活用しやすいと思います。さらに、海外遠征などで納豆や豆腐などの大豆製品が摂取しにくい場合や、タンパク質源の確保が難しい場合、荷物の重量制限が厳しい場合にも、軽くて長期常温保存が可能なZEN MEATは活躍します。

特に、減量に取り組む女性アスリートの方や、タンパク質が不足しがちなヴィーガン・ベジタリアンのアスリートのための、「低脂質なタンパク質源」の1つとして、活用してみてはいかがでしょうか。

材料

◆そぼろ用
- ZEN MEAT MINCE（湯戻し前）………70g
- にんにく………2片
- 生姜………1片
- 日本酒………大さじ2
- みりん………大さじ2
- 砂糖………大さじ1
- 醤油………大さじ1 1/2
- ごま油………適量
- すりごま………大さじ3
- ＊コチュジャン…大さじ2

◆ナムル用
- 豆もやし………1袋
- にんじん………1本
- ほうれん草………1束
- 大根………200g
- にんにく………1片
- ごま油………大さじ4
- 塩………小さじ3 1/2
- ごま………小さじ2
- すりごま………大さじ1
- 醤油………大さじ1 1/2
- ＊白菜キムチ………適量

＊動物性原料が含まれている商品もあるので、原材料表示等をご確認ください。（ヴィーガン・ベジタリアン対応時）

作り方

①下ごしらえ。ZEN MEAT (MINCE) を2分ほど茹でてザルに取り、水をさっと回しかけてから水気をしっかり切っておく。にんじんと大根は細切りにする。にんにくは1片分はすりおろし、残りは生姜とともにみじん切りにする。

②ナムルをつくる。豆もやし、にんじん、ほうれん草はそれぞれ茹でて冷水にさっと取り、水切りする。

豆もやし　塩小1、ごま油大1、すりおろしニンニク少々で和える。
にんじん　塩小1/2、醤油大1/2、ごま油大1、すりおろしニンニク少々、すりごま大1で和える。
ほうれん草　醤油大1、ごま油大1、すりおろしにんにく少々、ごま小2で和える。
大根　塩小2をふり、しばらく置く。出た水分を絞ってから、砂糖小2、ごま油大1で和える。

③そぼろをつくる。フライパンにごま油適量とみじん切りにしたにんにく（2片分）と生姜を入れて熱し、香りが立ってきたらZEN MEATを加えて炒める。日本酒大2、みりん大2、砂糖大1、醤油大1 1/2を加えてよく炒める。水気が飛んだらコチュジャン大2とすりごま大3を加え、混ぜ合わせて火を止める。

④ごはんにナムル、そぼろ、キムチを彩りよく盛る。

食べる人。作る人。みんなが喜ぶ。新しいおいしさ。
食の喜びを全てのひとへ。
「楽らく」シリーズは皆様に新しいおいしさをお届けします。

楽らく柔らか骨なし天然ぶり照焼

楽らく柔らか骨なし天然ぶり照焼 を使った調理例

天然ぶりの骨を取りのぞき、魚介エキス、醤油と砂糖のコクがある照焼タレを使用した、自然解凍でもしっとり柔らかい照焼です。

楽らく柔らか骨なしさば味噌煮

楽らく柔らか骨なしさば味噌煮 を使った調理例

白醤油と再仕込み醤油のブレンド醤油を米味噌に使用し、本味醂を加えたこだわりの味噌ダレを使用しました。程よく上品な味付けに仕上げています。

楽らく骨なしあじダイスカット（打粉付）

楽らく骨なしあじダイスカット（打粉付）を使った調理例

ビュッフェスタイルのご要望にお応えした新しい骨なし魚が登場しました。下処理済でクセの少ない身質は夏メニューを中心とした和え物との相性も抜群です。

骨取りあんこう打粉

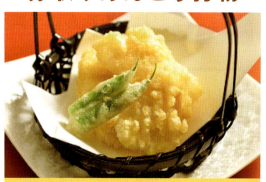

骨取りあんこう打粉付 を使った調理例

鮮度の良いあんこうの骨を丁寧に取り除き、打ち粉をまぶしました。身の厚みを均一にしてます。天種としても提供できます。

  株式会社 大冷

http://www.dai-rei.co.jp

本　社　〒104-0052　東京都中央区月島2-3-1
TEL.03(3536)1551(代)　FAX.03(3533)2402

支店／東京・札幌・仙台・高崎・名古屋・大阪・広島・福岡

積極的な身体づくりを応援する冷凍惣菜セット
㈱ニチレイフーズの「気くばり御膳® パワーデリ®」は、たんぱく質を中心に体力や筋力維持に威力を発揮!

　㈱ニチレイフーズは2004年に冷凍カロリー調整惣菜セット「気くばり御膳」を発売以来、様々なシリーズを生み出してきた。そして2017年秋に満を持して新たに投入したのが、たんぱく質に注目した冷凍惣菜セットの「気くばり御膳 パワーデリ」だ。

　1食分の中に肉又は魚などの主菜2品に野菜のつけあわせ2品。たんぱく質は25g以上摂ることができる。カロリーや塩分にも配慮されていて、まさに「気くばり御膳 パワーデリ」は、体力や筋力を維持したい方に積極的な身体づくりを応援する通販商品といえるだろう。

　現在発売中の10品は全て国内製造という安心感もある。

　「気くばり御膳 パワーデリ」は、「気くばり御膳」と同様に、栄養成分値は計算値ではなくすべて実測値である。

　これは、健康意識の高い方に向けて、より利用しやすいように、との思いからである。

　ニチレイでは、1980年代後半から成分コントロールした惣菜セットの開発を手掛け、1989年には厚生省（当時）の基準をクリアして、レトルト糖尿病食を日本で初めて発売した。

　様々な食材選びから素材の組み合わせ、食事としての彩りや味付けの工夫を重ね、美味しさのノウハウと成分コントロールの技術を高めてきた。

　その技術は、「気くばり御膳 パワーデリ」にも受け継がれている。

主菜2品
健康意識の高い方向けに開発

　この商品は、上記コンセプトをしっかり守りながらも、いずれも主菜は肉又は魚が2品入っていて、野菜の付け合せも2品あり、素材が豊富で彩りの良い点も評価が高い。

　調理方法は、容器をそのまま電子レンジでチンするだけといたって簡単だ。

　同社の企画開発担当者佐藤管理栄養士は「気くばり御膳シリーズで、1番新しいカテゴリーがパワーデリ。これまではカロリーや塩分を引き算して作っていた惣菜セットを、たんぱく質をもっと摂りたい方、健康意識の高い方に向けて開発した。運動されている方やアクティブシニアなど、身体づくりや低栄養にならないためのたんぱく質摂取が必要な方々には大変好評」と自信を持って勧める。

　「例えばハンバーグとカツなど主菜が2品が入っている点もポイント。魚メニューもあり、和洋中とバリエーションも豊富。高齢者の肉類などのたんぱく質をしっかり摂りたいという健康や体力維持の意識も高まってきている。若者ばかりではなく元気で明るさを求める多くの人に歓迎されるシリーズだ」とシリーズの伸びを期待する。

2種の魚の粕漬け焼き＆
豚の味噌炒め（トレー入り）

　冷凍惣菜セットとして上手にまとめているためコンパクトに見えるが、実際に食べてみると重量感があった。野菜も必ず入っているが、やはりたんぱく質を中心に据えた新シリーズと言える。メリハリがあって、ダシの効いた味付けや香りも豊かで、塩分調整をしているとはとても思えない満足感があった。

　アスリートはもちろん運動好きな方々の日常にもお勧めしたい逸品だ。

気くばり御膳® PowerDeli パワーデリ®
全10商品、メニューは和・洋・中・エスニック。
（2018年11月時点）

洋　グレイビーハンバーグ ＆ 鱈のトマトソースプレート
1食265gあたり

カロリー	たんぱく質	食塩相当量
361kcal	31.3g	2.4g

牛肉・豚肉を使用し、肉本来の美味しさを追求したハンバーグに、濃厚なデミグラスソースをかけました。ステーキ屋さんのハンバーグのようなジューシーで弾力のある肉の美味しさをお楽しみください。
鱈のトマトソースは、鱈の切り身に、トマトのさわやかな酸味が香るソースをかけて、さっぱりとした味に仕上げました。

和　2種の魚の粕漬け焼き ＆ 豚の味噌炒めプレート
1食240gあたり

カロリー	たんぱく質	食塩相当量
376kcal	27.1g	3.0g

鮭とシルバーをそれぞれ粕漬けにして焼き上げました。紅と白の2色のコントラストが鮮やかです。付け合せにはほうれん草のごま和えをアクセントに添えました。
豚肉の風味と相性の良い味噌ベースのたれで炒めた豚の味噌炒め。2色のピーマンを彩りに添えました。

中　棒棒鶏 ＆ 2種の焼売プレート
1食260gあたり

カロリー	たんぱく質	食塩相当量
345kcal	26.8g	2.5g

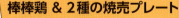

茹でた鶏肉に特製ごまソースをかけて、食べ応えのある棒棒鶏に仕上げました。ごま、オイスターソースや豆板醤等が入ったソースは、肉だけでなく野菜との相性もよい後ひくおいしさです。

焼売は、えび焼売と肉焼売の2種類を盛り合わせました。

RED PERILLA DRINK
赤しそドリンク
YUKARI™
ゆかり®

【規　格】
NET 900ml×6本

【原材料】
赤しそ抽出液、果糖ぶどう糖液糖、砂糖、クエン酸

【賞味期間】
(開封前)常温186日
(開封後)冷蔵14日(目安)

【栄養成分（100g当り）】

エネルギー（kcal）	83
水分（g）	77.2
たんぱく質（g）	0.2
脂質（g）	0
炭水化物（g）	22.2
灰分（g）	0.4
ナトリウム（mg）	57
食塩相当量（g）	0.1

当成分表は配合割合をもとに原材料の分析値と五訂増補日本食品標準成分表より算出した計算値です。

商品特徴

● 赤しそふりかけ「ゆかり®」の原料となる赤しそ生葉から抽出したエキスを使用しています。
● 赤しその鮮やかな色と爽やかな香りをお楽しみいただけます。
● 甘過ぎず、さっぱりとした味わいです。

【使用方法】

本品1に対して水2を目安に希釈してお召し上がりください。
その他にもいろいろな組合せでご使用いただけます。
★お湯、炭酸、牛乳、飲むヨーグルトと割って。
★焼酎、ウィスキー、マッコリ、ワインなどアルコール類と割って。
★ゼリー、デザートのソースとして。

赤しそハーブティー

赤しそゼリー

三島食品株式会社

東京本社／〒168-0065　東京都杉並区浜田山4丁目10-25
　電話 (03) 3317-1212
広島本社／〒730-8661　広島市中区南吉島2丁目1-53
　電話 (082) 245-3211

札　幌 (011) 204-8800
東　北 (022) 236-6555
関　東 (049) 284-3311
名古屋 (052) 524-0888

金　沢 (076) 263-3130
大　阪 (072) 829-3711
中四国 (082) 233-0015
九　州 (092) 621-2111

甘酸っぱいさわやかな香り
赤しそドリンク「YUKARI™」は
運動好きな方々にもピッタリ！

　三島食品㈱の「ゆかり®」はふりかけで超有名だが、「赤しそYUKARI™（希釈タイプ）」は未だ知らない方がいるかもしれない。

　これは、ふりかけ製造の同社が、主力商品「ゆかり®」の原料となる赤しそ生葉から抽出したエキスを使って仕上げたもので、はじめは2014年に業務用商品として発売したが、スポーツ好きな需要層等も巻き込んで徐々に浸透し、様々な形で利用されるようになってきたという。

　赤しその鮮やかな赤紫色と爽やかな香りが微妙に効いて、希釈タイプの清涼飲料水として「健康飲料水」ともいえるが、運動後の汗をかいた身には最適な「スポーツ飲料」と言ってもいいかも知れない（賞味期間は常温で186日、開封後には冷蔵で14日が目安）。

赤しそのココナッツ風味
ジュースタピオカ入り

　1本900mlの希釈タイプのため、お好みの味にいろいろと調整もでき、赤しそ特有の鮮やかな色と甘過ぎないさっぱりとした味わいが受けて、ホテルやレストランなど、いま外食を中心に販路がじわじわと広がっているようだ。

しそ生姜のホットティー

　同社では、お好みに合わせて3～4倍に薄めては―と提案している。もちろん「水割り」「お湯割り」「炭酸割り」「ミルク割り」「焼酎割り」「カクテル」など、アルコール飲料としても抜群の威力を発揮するため、希釈率は変幻自在となるだろう。

ラブ・スパーク
リングワイン

　また、本品は利用幅が非常に広く、単にドリンクとしてだけではなく、他にも「ゼリー」「デザートソース」などにも使用できる。現在、

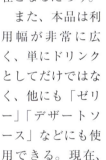

甘酸っぱい恋の味
赤しそジュレ

同社では寒天やゼラチンメーカーとタッグを組み、赤しそゼリーのメニュー提案も推進している。昔懐かしい味と、程よい酸味が食べやすく、各種給食施設のメニューにも様々に使われて評判は上々という。

　今回、使用メニュー例を5品ほど用意したので、ぜひ参考に、現場に合わせた新メニューを作成し、活用していただくことをお勧めしたい。当然ながら、ご家庭でも様々に使えるものとして大いに利用価値がること請け合いだ。

しそヨーグルト

外食・中食・給食に健康で美味しさをお届け
誰でも楽しく喫食できる各分野の新商品紹介

日東ベスト㈱

　外食店ではハンバーグやデザートで、学校給食ではフレンズシリーズでお馴染みな日東ベスト㈱は2018年度、2つの大きな工場の増設を手掛けて約25億円を投入した。1つは山形工場で、現在の工場の2階部分を全増設して天童工場の焼菓子を移行する。また神町工場では倉庫だった場所を生産工場にして増設、フレンズシリーズの生産体制を強化する。生産効率化により優れた品質を確保、向上するとともに人手不足や働き方改革に根差した大改善を行うとしている。

　それらを背景に、18年度に投入した秋冬新商品を様々な角度からご紹介したい。

喫食者への応援に欠かせない「ベストブランド」の新商品

　「黒毛和牛めし重の具」は、きめ細かく柔らかい肉質の北海道産「黒毛和牛」を使用し、玉ねぎ・ごぼうと合わせ、シンプルな甘辛たれで仕上げた。「コクと旨味の北海道産牛めしの具」は、北海道産牛ばら肉・玉ねぎ・ごぼうを使用し、柔らかく、風味豊かな牛肉をこだわりのたれで仕上げたコク深い一品。

　「イベリコ豚重の具」は、スペイン産イベリコ豚のバラ肉を使用し、口どけがよく風味豊かな脂の旨味が堪能できる。また「ゆず昆布だしご飯の素」は、白飯に混ぜるだけの簡単調理で、ゆずの香りと昆布だしの旨味が引き立つ、ワンランク上の米飯メニューとなる。

　給食向けのデザートでは、野菜を美味しく摂取しよう」をテーマに、卵・乳不使用ムースで食べやすく開発したのが「野菜と果物のムース（豆乳）」。これは野菜（人参、トマト）の甘みと果物（りんご、オレンジ、レモン）の酸味を組み合わせ、更に豆乳を加えることで子供達が食べやすいやさしい味わいに仕上げている（着色料も不使用）。

ホテルや外食店等にピッタリの「ジョイグルメ」の品々

　「JG（ジョイグルメ）」で注目したいのは先ずはデザート。「JGホールタルト（チョコレート）」は、カラメル風味のタルト生地になめらかな食感のチョコプリンとグラサージュをトッピングしたもので、濃厚な味わいと光沢感のある見た目に仕上げ高級感を出した。

　春に発売したカット済みのシートケーキは、「JGカットケーキ99（ストロベリー）」「同（ティラミス）」「同レアチーズキャラメル」など6品の品揃えで「JGガトークラッシック

①

②

③

④

⑤

⑥

①黒毛和牛めし重の具　②ゆず昆布だしごはんの素
③野菜と果物のムース 豆乳
④JGホールタルト（チョコレート）
⑤シートケーキ カットタイプ
⑥JGホエー豚の熟成ベーコン

ショコラ」とともに焼菓子として人気が出そうだ。

また今回、ホテルの朝食バイキング向けに提案したのが「JGホエー豚の熟成ベーコン（スライス）」で、低温で5日間漬け込んだスライス済みのタイプ。旨味が凝縮した熟成ベーコンは、肉の本来の美味しさが堪能できる。

子供たちが気にせず一緒に楽しく食べられる「フレンズシリーズ」は大人気

2つのフレンズシリーズといえば、フレンズスイーツとフレンズミール、これらは全て卵・乳・小麦を使用していない。皆と一緒に楽しく同じものを食べたいという子供たちの声に応えるがコンセプトのシリーズだ。

フレンズミールでは、新商品の初めにご紹介したいのが、韓国家庭料理でお馴染みの「FM野菜のチヂミ（50）」だ。もちもちした食感の生地に人参・玉ねぎ・にらを加えた野菜のチヂミで、ナムルやビビンバなどと組み合わせた韓国献立にお勧めできる。鉄分は100gあたり2.2mg（1個あたり1.1mg）、食物繊維100gあたり3.8g（1個あたり1.9g）摂取できる。

「FMきんぴら肉だんご」は、国産の鶏肉と豚肉ベースの肉団子に国産ごぼうと人参で仕立てたきんぴらを加えたもので、タレもご飯との相性がいい味付けになっている。和風の献立のおかずにもお勧めできる。こちらはカルシウム100gあたり103mg（※1個あたり37mg）、鉄分は100gあたり2.1mg（※1個あたり0.7mg）摂取できる。※1個あたりは肉団子1個25gとタレ11gとして計算

なお、フレンズミールでは多くのハンバーグを品揃えしているが、行事食ハンバーグも、フレンズミールで品揃えしている。昨今、大きな流行に発展したのがハロウイン向けに「FMかぼちゃ型ハンバーグ（40）（60）」。

フレンズスイーツのほうは今秋、新商品はないが大人気ですでに14種類が販売されている。

いつまでも元気の出る高齢者食も大切

高齢者になってもいつまでも楽しく、おいしい食事を望む方々は多い。そんな方に最後にご紹介したいのが「ホスピタグルメシリーズ」と「スムースグルメシリーズ」だ。

「HGスパニッシュオムレツ」は、完調品として忙しい朝にもお勧めの洋風卵料理。じゃがいも・赤パプリカ・ソーセージを具材に彩りよく仕上げている。「SGなめらかラ・フランス」は、人気のあるラ・フランスを飲み込みやすいムースにしたもの。山形県産の果汁を使っており香り高いのも特長だ。

いずれも日東ベストが現在の工場を大改築、大改造して更なる商品展開を図っていく新商品ばかり。中食・外食・事業所・学校・施設等に向け、食べることを楽しみにしている喫食者の皆様に喜ばれる商品の提供にますます注目が集まっている。

⑦FM野菜のチヂミ　⑧FMきんぴら肉だんご　⑨FMかぼちゃ型ハンバーグ　⑩お米de国産もものタルト
⑪お米de国産いちごのスティックケーキ　⑫HGスパニッシュオムレツ　⑬SGなめらかラ・フランス

運動する身体にもフィット「からだにやさしいシリーズ」は健康に配慮した冷凍ゆで麺

シマダヤ㈱から2品のご紹介

第2回東京五輪の開催が2年足らずに迫っている。昨今、生活習慣病患者や医療費増加が社会問題となっているが、ここに来てスポーツへの関心も高まり、単にヘルシー食だけではなく運動して健康的な汗をかこうという機運が広まってきた。

それは健康に配慮した料理の喫食というより、むしろ汗をかいた分、必要な食事をきちんと摂ろうという考え方だ。ただし、何を食べても良いという話ではない。せっかく運動をし健康を増進していくためには何が必要か、その判断こそが今重要になっている。

そこで、シマダヤ㈱では「糖質コントロール」や「食物繊維」に注目し、健康に配慮した"からだにやさしい"シリーズを開発した。今回はその中から2点をご紹介したい。

「真打」糖質コントロールうどん

① 1食あたりの糖質量31.4g
　※当社「太鼓判」讃岐うどん 200g：48.6g
　ご飯一膳（白飯150g）：55.0g
② 国産小麦粉を使用し、うどん本来のなめらかでもちもちした食感はそのままに、糖質オフを実現
③ ロカボが提唱する適正な糖質量（20～40g）にもぴったり

「真打」1/2日分の食物繊維がとれる七穀うどん

① 大麦、黒豆、全粒粉、玄米、大豆、もちあわ、もちきびの7種類が入った、雑穀の豊かな風味と外観が特長
② 1食で1/2日分の食物繊維がとれる
③ 国産小麦粉を使用し、なめらかでもちもちした食感に仕上げた

糖質はからだを動かし、脳を働かせるエネルギー源となる必要な栄養素。しかし、糖質の過剰摂取は脂肪となって体内に蓄積し、メタボや糖尿病の引き金となる。「『真打』糖質コントロールうどん」は、うどん本来のおいしさを味わいつつ、糖質をコントロールできる優れた食品だ。

また、食物繊維は脂質・糖・ナトリウムなどを吸着して体外に排出する働きがある。ところが現在、日本人は食物繊維の目標摂取量に対し不足してる。「『真打』1/2日分の食物繊維がとれる七穀うどん」は、食物繊維が豊富な7種類の雑穀が入っており、手軽に食物繊維をとることができる。

糖質を抑えたうどんや、食物繊維豊富なうどんに、疲労回復効果のある食材を組み合せたメニューのラインアップを各現場に合わせてぜひご検討いただきたい。

グリルチキンの冷しスタミナカレーうどん

しっかり食べても糖質43g！疲労回復効果のある鶏むね肉やたまごを使った冷しうどんです。

材料
「真打」糖質コントロールうどん…………1食分
A　鶏むね肉（グリル）………………60g
　　茄子（素揚げ）……………………20g
　　ミニトマト（1/4カット）…………20g
　　枝豆……………………………………10g
　　温泉たまご……………………………1個
　　糸唐辛子………………………………0.5g
　　冷しカレーつゆ（希釈）…………105ml
　　ラー油…………………………………1g

作り方
① たっぷりのお湯でうどんを解凍し、冷水で冷して水気をよく切り、器に盛る。
② Aを盛り付け、カレーつゆとラー油を回しかける。

疲労回復
鶏むね肉　イミダペプチド
たまご　　ビタミンB群、ミネラル
カレー　　カプサイシン、アリシン

根菜たっぷり焼うどん

1/2日分の食物繊維がとれる七穀うどんと、疲労回復効果のある豚肉や長芋を使った焼うどんです。普段の食事で摂取しにくい食物繊維を手軽にとることができます。

材料
「真打」1/2日分の食物繊維がとれる七穀うどん……1食分
A　豚肉（一口大）……30g　　B　半熟たまご………1個
　　れんこん（スライス）…35g　　　刻みのり………適量
　　にんじん（短冊切り）…30g　　　花かつお………適量
　　ごぼう（ささがき）…10g　　　　さくさくしょうゆ…15g
　　しめじ……………40g　　　　　醤油……………15ml
　　ほうれん草（4cm）…20g
　　長芋（短冊切り）…30g

作り方
① フライパンでAを炒め、火が通ったら醤油を加える。
② 冷凍うどんを解凍し、湯切りして①に加え炒める。
③ 器に盛り、Bを飾る。

疲労回復
豚　肉　ビタミンB群、L-カルニチン
長　芋　ビタミンB群、ムチン
たまご　ビタミンB群、ミネラル

からだにやさしいシリーズ

勝負に勝つ！かき玉あんかけカツうどん

グリルチキンの冷しスタミナカレーうどん

根菜たっぷり七穀焼うどん

心と体を整える味噌は、日本が誇るアスリートフード！

食育指導師・みそソムリエ　小山明子

みそ健康づくり委員会

味噌とは

　味噌は、日本人に馴染み深い味わいと、まろやかな塩味だけが特徴ではありません。

　主原料である大豆は肉体を作るために必要なたんぱく質を多く含む食品であり、麹は体内の循環を整えるビタミン類が豊富なので、アスリートのしなやかな体づくりには注目したいものです。

　味噌は発酵によって原料にはない、またはあっても少量の成分が副産物として生成されるという特徴があります。

　そのため、味噌には、たんぱく質や炭水化物、ビタミンをはじめ、亜鉛、葉酸、鉄、マグネシウム、カリウム、ナトリウム、リン、レシチン、オリゴ糖、食物繊維、メラノイジンなど、沢山の栄養素が含まれており、一つの食品でこれほど多くの栄養を含むものは他にないことから、味噌は今、日本が誇るスーパーフード、天然のマルチサプリメントとして世界中から注目を集めています。

　戦国時代、味噌は兵糧として戦に欠かせない食料の一つだったと言われています。つまり、昔から味噌は肉体を酷使する者を支えてきたアスリートフードなのです。

発酵食品で腸を整える

　腸内環境を整えると話題の発酵食品の中でも、とりわけ味噌は普段の食事でも好き嫌いがほとんどなく、手軽に取り入れやすいものではないでしょうか。

　乳酸菌など、腸内善玉菌のエサとなるものを味噌などの発酵食品から摂り、腸内環境を整えることは、免疫力UP、メンタルや自律神経の安定が期待できると言われています。

　善玉菌のエサとなるものはこの他に、オリゴ糖や食物繊維も有効なので、野菜やキノコ、根菜たっぷりのみそ汁は、まさにアスリートのための一杯と言えます。

※参考レシピ①　「おかずみそ汁」

　栄養素は副交感神経が優位の時に消化・吸収がピークになります。味噌汁の香りにホッとしたり、温かい汁物で体の力をゆるめることは、副交感神経を優位にし、アスリートとして沢山の物を食べるためにも必要なことだと言えるでしょう。

美味しく続けられる

　味噌を使ったお料理と言われると、ちょっと考え込んでしまう方もいるかと思います。ですが、それは簡単！実は、ちょっとしたコツを覚えれば、お味噌汁以外にも毎日美味しく使いこなせます。

　そのコツは、①塩の代わりに味噌　②うま味調味料の代わりに味噌　の2つです。

　野菜炒め、蒸し料理、煮物や汁物。塩やうま味調味料の代わりに味噌を使ってみると、毎日美味しく手軽に料理が続けられます。

　肉や野菜の下ごしらえを塩からみそに代えてみたり、カレーやシチューの隠し味に味噌を入れるのもおすすめです。

味噌で美しいアスリートを目指す

　味噌に含まれるメラノイジンは抗酸化作用が期待され、過酸化脂質の生成防止に働きかけ老化防止に役立ちます。また、遊離リノール酸はシミ・ソバカスの予防が期待できると言われています。

　このように、味噌は中からキレイを促し、食べることで強い心と体を作るだけでなく、アスリートとして見た目の美しさやしなやかさにも働きかける効果があるのです。

　紫外線や排気ガスなどの影響を受けやすい屋外スポーツの選手には、特にこのような味噌の機能性を上手に活用してもらいたいと思います。

みそ健康づくり委員会　http://miso.or.jp

　みそ健康づくり委員会は全国味噌工業協同組合連合会（全国8ブロック・47組合・887企業）が、すぐれた健康食品であるみそを人々の健康増進に役立ててもらえるように設立した組織。
　みその効用に関する科学的データ等の収集、料理メニューの開発、PR活動を積極的に展開。フェイスブックでは、イベントレポートほか、レシピ提案などの情報も発信している。

みそ料理レシピ

おかずみそ汁

材料（4人分）
豚こま切れ……150g	サツマイモ……150g	ネギ……1本	ショウガ……10g	水……600cc
レンコン……80g	シイタケ……2枚	油揚げ……1枚	ゴマ油……大さじ1	味噌……60g

作り方
① 野菜を切ります。レンコンは皮をむき2～3mm程度の厚さのいちょう切りに。サツマイモはきれいに洗って皮つきのまま5mm程度の厚さのいちょう切りに。シイタケは石づきを取り、薄切りに。ネギは斜め切りに。油揚げは食べやすい大きさに切り、ショウガは千切りにします。
② 温めた鍋にゴマ油を入れ、豚コマ切れ肉を炒めていきます。肉に火が通ったら、サツマイモと油揚げ以外の材料を肉と一緒に炒めます。
③ 野菜にも火が通ってきたら水とサツマイモと油揚げを入れ、中火で煮ていきます。
④ サツマイモに火が通ったら、味噌を溶き入れ完成です。

肉味噌のニラ焼き

材料（3枚分）
豚ひき肉……100g	切干大根……10g	海苔……適量	味噌……20g	みりん……小さじ2
ニラ……40g	小麦粉……100g	サラダ油……適量	醤油……小さじ1	水……80cc

作り方
① 野菜を切ります。ニラを洗って1cm程度の粗みじん切りにします。切干大根は5回程水を代えながら洗って、1cm程度の長さに切ります。（水で戻す必要はありません。）
② 肉みそをつくります。味噌、醤油、みりんを合わせておきます。熱したフライパンで豚ひき肉を炒め、火が通ったら味噌の合わせ調味料を入れ、ポテポテした感じになるまで炒めていき、火を止め粗熱をとります。
③ ボウルに①と②と小麦粉と水を入れ、混ぜ合わせます。
④ 熱したフライパンに適量のサラダ油を注ぎ、③を焼きます。直径15cmほどの大きさが目安です。この時、片面に海苔を乗せて焼きます。
⑤ 両面を焼き、中まで火が通ったら完成です。お好みで白髪ねぎなどを乗せても。そのままでも美味しいですが、お好みでポン酢をかけても。

生鮭のみそバター蒸し

材料（2皿分）
生鮭切り身……2切れ	玉ねぎ……1/2個	バター……20g
パプリカ赤・黄……1/4個ずつ	味噌……40g	ハチミツ……20g

作り方
① 野菜を切ります。パプリカは粗みじん切りにし、玉ねぎは薄切りにします。
② みそバターを作ります。溶かしバターに味噌とハチミツを入れ、よく混ぜ合わせます。
③ クッキングシートに生鮭の切り身を置き、鮭にみそバターを塗ります。その上に玉ねぎとパプリカを置いて、クッキングシートの上部を重ね、左右をキャンディー風に閉じます。
④ 電子レンジで蒸します。③を耐熱皿にのせ、800wで3分蒸したら完成です。

甘みそ味の肉巻きおにぎり

材料（4個分）
白米……300g	豚バラ薄切り肉……8枚程度	すりおろしニンニク…小さじ1/4	醤油……小さじ1
黒擦りゴマ……大さじ1	味噌……25g	みりん……大さじ1	

作り方
① 豚肉に下味をつけます。味噌、すりおろしニンニク、みりん、しょうゆの合わせ調味料を作り、豚ばら肉をその合わせ調味料で揉み込みます。10分ほど置きます。
② 白米に黒擦りゴマを合わせ、俵型のおにぎりを握ります。
③ ①の味つけ豚ばら肉を②に巻き付けます。
④ 熱したフライパンにごま油（分量外）を適量引き、③を中火弱で焦がさないよう上下左右を転がしながら炒めていきます。
⑤ お肉にしっかり火が通ったら完成です。

HPの大リニューアル作戦を実施!
学校栄養職員・栄養教諭にお役立ちできる
情報満載で全会員にもメリットある会へ発展

写真左から、奥脇元会長、杉本全学栄事務局長、河内顧問、西島顧問、府内前全学栄事務局長、大沼会長、三谷文科省課長、森食育研究会会長、平良日学調事務局長

はじめに

　学校給食に提供する食品を生産する食品メーカーが加盟し、児童生徒のための学校給食向上を目的に、会員間の親睦と共に業界関連団体と様々に連携を深めて活動しているのが「学校給食用食品メーカー協会」だ。

　会員構成メンバーは食品メーカーのみという特徴ある団体で、毎年5月に定時総会を開催し会員の大半が出席、また夏季セミナーも行うという堅実な団体組織である。

　アスリート食とは関係が薄いように思われるかもしれないが、少子化が急激に進む中、小学校や中学校の運動系の部活やクラブ活動はそもそもアスリート系の運動っ子や選手の集まり。今後、1年半に迫った東京五輪に向けて運動の機運が高まる中、運動する児童生徒に関わる学校給食は深い関連性を持っていると言っても過言ではない。食品メーカーには安全安心はもちろん、昨今の朝食欠食、偏食、アレルギー事情など避けては通れない食品開発に期待が持たれている

　そういう点から、よりよい学校給食づくりのために社会に役立ち、貢献している団体として認知をいただけるようご紹介をしたい。

HPの実効的リニューアル大作戦

　2018年度総会では、就任4年目の大沼一彦会長（日東ベスト社長）の下、副会長として三島豊三島食品会長、福本雅志ニチレイフーズ常務執行役員、白井利政キユーピー執行役員、松島和浩日本水産執行役員の4人による

大沼会長

計5人体制で活動を運営することを承認した。会員数は18年5月現在40社、事務局も定期的に各社持ち回りにより配置され、18年春からはキッコーマン食品内に設置をされている。

　今年度事業では、文部科学省や全国学校栄養士協議会との取組みや連携を強化し、各種学校給食関連団体との協調や広報活動の強化を図り、恒例の夏季セミナーや新年会等を実施する計画を継続しながら、特に今年度はワーキングチームの活動を新たなメンバーで継続し、協会ホームページ（HP）の充実を掲げ、大幅リニューアルによる学校関係者に使いやすいツールに仕上げるとともに、HPを活用した全国の学校栄養職員・栄養教諭へのPR活動を強化するとした。

　これは、アクセス数をより増やしていくためにスマホでの対応を可能にするなど学校給食関係者が日々の業務に役立つ情報を得られるよう、各メーカーが直接簡単に新しいレシピを入れ替えられるように改良し、全会員が直接参加しメリットを享受できるようにした。現場の栄養士にレシピと食材の2本立てで新鮮な情報を提

協会HPのここがスゴイ！

デザイン

トップページに「給食レシピを探す」「食材を探す」のキャラクターを配置し目立たせている。クリックすると、自動で「給食レシピ」「食材情報」の画面にスライドし、ページ内に誘導する仕掛けが施されている。

利便性

「レシピを探す」「食材を探す」のページは左側にカテゴリ分類があり、欲しいレシピを容易に見つけることができる。例えば、「レシピを探す」は種類別に5カテゴリ、食材別に9カテゴリ、調理方法別に8カテゴリ、季節別に5カテゴリ、栄養素別に3カテゴリを設定。特筆すべきは栄養素別を設けている点だ。献立を作成する学校栄養士にとって、児童・生徒が不足しがちなカルシウム、鉄分・亜鉛、食物繊維の栄養素量を充足するのは悩みの種であり、その悩みを解消する素晴らしい着眼点である。また、総会後には、食種別に6カテゴリ（和食・洋食・中華・エスニック・韓国・その他）が追加される。また、「レシピを探す」の食材名をクリックすると食材情報に飛ぶので機能的である。

データ増

前HPで登録されていたレシピは160点に満たなかったが、リニューアル後（18年11月1日時点）は、242点と約1.5倍に増加している。一方、食材は登録自体無かったが、現在は440点も登録されている。

供し、また豊富な食材情報によって栄養教諭による資料のツールになればアクセス数も増加し、またHPを通して協会の認知度や価値も向上する仕組みだ。

より多くの食材・メニュー情報を入力するよう理事会・合同部会で未入力会員にも呼びかけアクセス情報も公開して入力を即す。更にHPの活用めざして食材・メニューのカテゴリ区分等は状況に応じて追加・削除を行い、19年1月の新年会までに一通りの修正を加えてワーキングチームの作業を完了するとした。

「食品添加物を中心とした誤解と消費者」テーマに夏期セミナー開催

毎年恒例の夏季セミナーは18年7月、那須白河で開催、西島基弘顧問（実践女子大学名誉教授）による講演会を実施した。昨年17年は初めて会員先の伊那食品工業（長野県伊那市）で開催し、多くの会員企業が集まり盛大な見学会・講習会・懇親会が行われたが、18年夏は再び福島県に戻った。

今回の概要は次の5点。①毒性があっても少ない量だと健康障害は起きない。我々は毎日

HPリニューアルWTのメンバー

それらを食べている。危険な成分と言って全て批判すると何も食べられなくなる。食の安全について摂取量を考慮せずに言及することはできない。②摂取量を増やせばどんなものにも毒性が出る。バランスよく食べることが大事。③自然食材は科学的調味料がないため安心という考え方がある。有毒成分を含む自然の食材もあるので量など十分注意が必要。④週刊誌の記事は間違いが多い。消費者の不安を煽るのはよくない。⑤消費者は「違反」という言葉に敏感。少しでも数値を逸脱すれば、その食品で体調を崩すと誤解する人も多い。食品メーカーの皆さんは添加物に限らず、違反を出さないよう努めていただきたい。

以上の内容から深く感銘を受ける講演となった。

文科大臣と農水大臣との対談で食品流通の問題点を共有
(一社)日本給食品連合会が講演・懇親会開催

乾杯風景

はじめに

　(一社)日本給食品連合会(日給連、野口昌孝会長)は全国の業務用食品卸企業が参集した団体で、2017年に一般社団法人化し、19年には60周年を迎える歴史ある団体だ。主な事業は推奨・選定・斡旋の3事業として、会員増強で組織強化に努めているが、多くの食品メーカーとともに情報事業委員会が選定品など食品開発し、給食関連のユーザーにお役立ちしている。今回は、18年11月開催の都内ホテルで開催された講演会・懇親会を通して日給連を紹介したい。

創立60周年記念事業に2大臣と対談

　講演会は「ハラスメントの基礎知識と求められる対応」をテーマに、㈱ヒューマンリソースみらい代表の荒木康之社会保険労務士が講演した。概要は、ハラスメントの類型と企業の法的責任、ハラスメントの判断基準や対策で行う実施事項など、セクシャルハラスメント・パワーハラスメント・マタニティハラスメント等に関する実態や現状を述べ、具体策等を解説した。

野口会長

　情報交換会で、野口会長は「創立60周年記念事業の一環として今年8月に林芳正文部科学大臣(当時)と、9月に齋藤健農水大臣(当時)との会長対談を行った。内閣閣僚はその後変わったが、一業務用食材卸の団体と行政の長である大臣の意見交換は意義あるものだった。特に農水大臣との対談は豪雨や台風の影響で再三延期されたが、業界のIT化、ピッキング、物流費高騰等の課題について話をし、食品流通の問題点を共有で

荒木康之
社会保険労務士

きたことに感謝したい。今回の講演は昨今のスポーツ界のパワハラ問題が大きく報じられたこともあり、パワハラに関する講演を実施した。調査によれば25%の方々が何らか受けた経験があるという。本会場におられる方々は十分に注意をいただきたい」とあいさつした。

　来賓あいさつで、農林水産省食料産業局食品流通課の宮浦浩司課長は「今年は災害の多い年だった。加工品や外食品が伸びている一方、物流面では経費が高騰し、食品流通の分野は急速な勢いで変化し進んでいる。行政も出来ることは進めていき、来年60周年を迎える日給連皆様と様々に情報交換を行い、先を見ながら共に頑張りたい」と祝辞を述べた。

　来賓者紹介後、乾杯で特別会員理事のニチレイフーズ大櫛顕也社長は「世界的にも企業トップのハラスメントが起こっている。個人の価値観や社会の求めているものが違ってきている。誰にとっても

大櫛ニチレイフーズ
社長

全く良いことのないのがハラスメント。働きやすい、良い信頼関係のある会社をつくっていくことが大事だ」と述べた。

　中締めで、特別会員理事の六甲バターの三宅宏和社長は「講演を聴いてあらためて発言には注意が必要と思った。女性が活躍し、温室育ちの多い社会になってきたが、しっかり仕事をしてもらう仕組みが大事だ。LGBTの方々等も含め常に配慮をする必要のある時代になってき

三宅六甲バター
社長

た。日給連は60周年、長年の給食への貢献もあって大臣との対談が実現した。メーカーも安全安心な原料をしっかり確保し、会員と同じ思いでお手伝いできればと願う」と締めくくった。

全国ネットで皆様のお役に立つ食材卸企業集団

「強い絆で改革し、未来を創造する日給連!」

■会　　　長　＜野口昌孝(㈱野口食品社長)＞
■副　会　長　＜北部支部長　　石塚佳之(秋田科学物産㈱社長)＞
■副　会　長　＜東部支部長　　中込武文(甲信食糧㈱社長)＞
■副　会　長　＜中部支部長　　林　元彦(三給㈱会長)＞
■副　会　長　＜西部支部長　　小谷憲司(㈱コタニ社長)＞
■副　会　長　＜九州支部長　　富永哲生(㈱ハウディ社長)＞
■副　会　長　＜情報事業委員長　小川眞也(㈱きゅうざい社長)＞
■専務理事　＜森　岳三＞

一般社団法人
日本給食品連合会

〒101-0041
東京都千代田区神田須田町2丁目23番地 SSビル4階
TEL 090-9306-9373　FAX 03-3255-0454
E-mail　nikkyuren290@nikkyuren.com
URL　　http://www.nikkyuren.com

雑穀ブレンド

豆本来の美味しさを楽しめる ドライパックシリーズ

一袋に食物繊維たっぷりの5種類の穀物と5種類の豆

- 水戻し・ボイル不要
- 手軽に栄養価をプラス
- さまざまな食感を楽しめる

- 内容総量:1kg 荷姿(ケース):8袋入り
- 内容総量:500g 荷姿(ケース):18袋入り

五穀 玄米(国産)、押麦、赤米(国産)、黒米(国産)、もち麦

五種豆 ひよこ豆、えんどう、レンズ豆、小豆、黒大豆

tgc 天狗缶詰株式会社

本社 〒460-0022 名古屋市中区金山1-12-14 金山総合ビル6F
TEL:052-300-5555 FAX:052-300-5556

東京営業所 〒140-0013 東京都品川区南大井6-17-15 第二タジマビル5F
TEL:03-3766-2221 FAX:03-3766-3388

本社　白鳥工場　三河工場　札幌営業所　仙台営業所　東京営業所　名古屋営業所　大阪営業所
広島営業所　福岡営業所　配送センター　インターネット通販部

豚肉にジンジャーの爽やかさをプラス！

S&B

とろける野菜の
まろやかな
味わい！

「子供から大人まで美味しい」とろけるような味わい

とろける
シリーズ

野菜の
煮込み感と
乳製品の
美味しさ！

ごはんとよく合う！ボリューム満点シチュー！

――― とろけるシリーズ ラインナップ ―――

業務用企画ユニット 〒174-8651 東京都板橋区宮本町38-8 TEL03-3558-6252　エスビー食品株式会社

素材の味をいかします。
昭和の天ぷら粉＆フライオイル。

昭和高級天ぷら粉

「昭和天ぷら職人」は、揚げたてのサクサク感を長時間保ち、花咲きが細かくぼてっとしない自然な衣付きなのでプロ並みの仕上がりです。さらに、電子レンジで温め直してもカラッとしています。

昭和天ぷら職人

栄養機能食品（ビタミンE）

「オレインリッチ」は、ひまわりに豊富に含まれる天然ビタミンEをそのまま含んだピュアオイルです。毎日の食事はおいしくいただきたい、でも健康も気にかかるという現代人にぴったりのオイルです。

オレインリッチ

昭和産業株式会社 油脂部　〒101-8521 東京都千代田区内神田2丁目2番1号 鎌倉河岸ビル
　　　　　　　　　　　　　　TEL. 03(3257)2130　http://www.showa-sangyo.co.jp

特集 III

スポーツ栄養に
関心の高い企業の取組みと
関連業界団体の動き

メリックス(株) 大髙絵梨社長 インタビュー

合言葉は "心と体の栄養補給"

チーム一丸となって、アスリート1人ひとりをサポート！
確かな栄養情報と実践力でアスリートの心と体を支える、おいしい食事

　給食企業の中でも、小・中学校・保育園・企業・病院・施設等の給食受託業務だけでなく、スポーツ栄養にも深い関心を持ち、積極的にアスリートへの食事提供に取り組んでいるのがメリックス㈱である。同社は某プロ野球球団の寮・球場の食事提供業務受託開始以来、信頼を積み重ね、アスリートの食事作りに取り組んでいる。どのような食事提供を通して、アスリートの心と体をサポートしてきたのか。大髙絵梨社長に、アスリートへの食事提供の工夫点やスポーツへの熱い思いを聞いた。

アスリートのための食事提供に全力投球

―スポーツ栄養事業について教えてください

　弊社は、プロスポーツ選手向けの食事提供業務を始めて以来、長年にわたりプロ野球球団の寮・球場のお食事作りに携わってきました。当時、弊社のお食事を召し上がっていたお客様がコーチやチームスタッフとなられた今でもご縁を頂いている事は、大変ありがたく光栄なことです。

　その中で海外遠征時には、チームに同行することもありました。先代の父、大髙巽は持ち前の英語力を駆使し、チームの遠征が始まる前から遠征中盤にかけて、宿泊先ホテルのシェフや食材調達業者と交渉し、現地でも選手が慣れ親しんだ日本の味を再現。日本から取り寄せた食材と共に栄養バランスを考慮したメニューをご提供しサポートに努めておりました。

―提供メニューについて詳しく

　ありがたいことに、弊社は朝食・昼食・補食・夕食と、アスリートの方が食べる機会すべてに携わらせて頂いています。メニューや提供方法は、競技特性、試合日・練習日、チーム方針による練習時間や、ホーム・ビジター、ご提供場所によって変わります。1日トータルのエネルギー量やPFCバランスを考慮し、競技内容に合わせ、スポーツ栄養学に則ったお食事をご提供。どのようなメニュー構成で品数を揃え、ご提供するのか、様々な

スポーツ栄養事業について丁寧に話す大髙社長

工夫を施しています。

　例えば、競技によっては試合日の朝食・昼食は限られた時間内で食べる必要もありますので、より自分に合った食事を選べるように基本的にはビュッフェスタイルでご提供。具体的な品数の例として、朝食はメニュー28品、飲料8種、昼食はメニュー9品、飲料6種をご用意しています。ビュッフェスタイルでも、特に摂取頂きたい野菜・フルーツ・乳製品は個々にご提供したり、毎日メニュー内容を変えることにより、飽きずにバランス良く食べて頂けるよう務めております。

　試合後の補食も、スピーディーな栄養補給をしていただくため、手作りのおにぎり2種※と、添加物不使用・グルテンフリーのフィナンシェタイプ3種の補食をご用意。補食メニューも1日トータルのエネルギー量とPFCバランスを考慮し、提供しています。

※おにぎりは年間、数十種類のレパートリーを揃え、毎日内容を変えてご提供。毎年、摂取率ランキングに応じてメニュー内容を検討しています。

　また、夕食の品数の例としてはメニュー14品と飲料8種をご提供。一日の試合や練習で疲れた選手の心と体の栄養補給を出来る貴重なお食事なので、一皿ひとさら楽しみながら意識して食べて頂けるよう、メイン・サブメイン・副菜・サラダ・汁物等を個別にご提供しております。

現場の力がメリックスの強みであり誇り

―かなりの品数をご用意されているのですね

　品数だけではありません。いつ、どこで、何を、どのように提供すべきか、季節や天候、シーズンの序盤・中盤・終盤等を加味し、選手の嗜好にあったお食事作りをしています。1人ひとりの1皿ずつの摂取率のデータをとり、平均的に必要なエネルギー量を理想のPFCバランスで摂って頂けるよう、献立内容・提供方法を追求するとともに、食材の選定、調理法にもこだわっています。

　1年約300日、試行錯誤を繰り返しながら、いかにお客様と選手の皆様のご要望を日々のお食事に反映していけるか…毎日実行・継続してくれる現場の力とチームワークが我々の強みであり誇りです。

　選手やチームの方々に評判のお店を教えてもらい、時には視察・試食させて頂き、そこで得たインスピレーションを日頃のお食事に反映することもあります。また、遠征時のお弁当には、弊社スポーツ栄養チーム＆広報手作りのオリジナルラベルに栄養メモと応援の気持ちを添えてお届けしています。

　長年かけて、選手やコーチの皆様とコミュニケーションを図り、信頼関係を築き上げながら色々な取り組みをさせて頂けるのも、弊社の強みです。

最新のスポーツ栄養を社内で共有

―日々、進化・発展するスポーツ栄養の最新の情報はどこから入手されているのか

　入社前から、栄養士ではない私でも参加できる日本スポーツ栄養学会年次大会をはじめ、ストレングス・コンディショニング関連の会合に参加し、弊社スポーツ栄養担当者たちには情報を連携しておりました。本格的な活動は、私がメリックス㈱に入社した2015年9月に日本スポーツ栄養学会の賛助会員として弊社が加盟してからです。

　学会で入手した情報やネットワークは社員と共有し、会社にその最新の知識を蓄積しております。日々アップデートされる情報をどうインプットし、お客様のお食事にいかにアウトプットするかを常に考えています。給食業界では、献立作成を中心とする日々の栄養士業務に専念されている管理栄養士・栄養士の方も多いかと思いますが、せっかく専門知識を習得し資格を取られたからには、様々な形で更なるインプットとアウトプットの機会を持つことは大切だと思います。

　2016年4月には、社内にスポーツ栄養チームを発足し、チームで学会に参加し、その情報を存分に生かせるよう取り組んでいます。また、弊社顧問の公認スポーツ栄養士の先生と月次で情報交換や勉強会を行い、全社に向けた講習会も定期的に開催しております。講習会ではスポーツ栄養チームのメンバーだけ

細かい調理技術が光る

メリックス㈱自慢の「アスリート弁当」

大髙社長と
スポーツ栄養チームの皆さん

でなく、スポーツ栄養や食育、栄養学に関連する知識習得に興味を持つあらゆる部門の社員も参加しており、社内にスポーツ栄養をはじめとする栄養学の学びを楽しめる環境を構築し、社員が成長できる機会を創出しています。具体的には、食育ワークショップや、ブランド力アップセミナー等のセミナーを通し、管理栄養士・栄養士・調理師である社員の地位向上につながる取り組みを行っております。社員はみんな個性あふれる人財です。1人ひとりが違う感性を持ち、様々な可能性を秘めています。部署や役職、業務内容を超えて共有することが、何より全社の意識向上とお客様や社会への還元に繋がると考えています。

―アスリートへのサポートを企業として取り組む強みは

　日々のお食事作りをお客様や選手の皆様と作り上げていける現場で、様々なデータとノウハウを蓄積しているからこそ、ニーズに合わせ、寄り添ったサポートをできる強みが弊社にはあります。

　食が心を育て体を作ります。選手の心と体の栄養補給を、我々が提供するお食事からとってもらえるよう、日々願っています。また、企業で取り組むことで、各種メーカー様や専門職の方々などとのコラボを通し、トータルでサポートすることができると思います。

　多岐にわたるスポーツ・競技団体やアスリートの方々とのご縁に加え、学術機関やドクター・専門職の方々等、給食会社という公共性のある企業だからこそ頂けるご縁やサポートを、アスリートの皆様だけに留まらず、幅広いお客様に還元している事も強みと捉えております。多方面の方々とのコラボやノウハウを食に携わるプロが集結し、まだ世に生まれていない"あったらいいな"というサポートをどんどん生み出していきたいです。そして、来春オープン予定の弊社1階テストキッチンが、そんな皆様を結びつけるラボ（研究所）になる事を夢見ています。

アスリートの
トータルキャリアマネジメントも視野に

―これからどんな事業を展開されたいか

　アスリートの方々の中でも、年収・環境の

アスリートへのサポート強化の夢を語る大髙社長

差があり、食事やトレーニングにかけられる予算も違い、一辺倒のサービスに正解はありません。また、セカンドキャリアの構築も重要なテーマと捉えます。選手生活を終えても、その後の人生を豊かに生きられるようサポートをしたいです。

日本で活躍する外国人アスリートからは、日本で選手生活を送る上で抱える悩みや課題を多く聞きます。

それらのニーズを考えると、従来のお食事を通した栄養サポートに留まらず、もっと広い視点で包括的にアスリートの方々を支えるマネジメントサービスの必要性を感じます。私のバックグラウンドである会計・金融・ファイナンシャルプランニングなどの要素と、メリックス㈱が長年培ってきた栄養サポートのノウハウをミックスさせて、アスリートのライフプランニングに深くコミットするようなチャレンジを…例えば、海外で活躍する日本人アスリートの財務会計サポートや、日本で活躍する外国人選手の食・生活サポートなど、財務会計やエージェント業も含め、選手のトータルキャリアをサポートする事業を各業界の専門家とのネットワークを駆使し、展開したいと考えています。

アスリートから求められる強力なチームへ

―最後に、2020年まであと2年を切りました。アスリートと栄養サポートへの思いをどうぞ

アスリートは1つのプレー、1回のチャンスに人生をかけていらっしゃいます。そして、アスリートを支えるスタッフの皆さんやチームのフロント・コーチ陣も人生をかけて選手やチームをサポートされています。だから、そのパートナーとしてサポートさせていただく私たちも、一食一食、一皿ひとさらに魂を込めて取り組んでいます。

チャンスが来た時に、そのチャンスをいかに活かせるか、選手が常にベストパフォーマンスができるような心と体のサポートに、私たちができることは何かを常に考えております。食べることが苦痛になっている選手もいらっしゃいます。その方たちが、1食でも楽しく、おいしく、幸せを感じてもらえたら…「おいしいしあわせは、生きるエネルギー」をモットーにする弊社だから出来る「心と体の栄養補給」を合言葉に、アスリートサポートにまい進して参ります。

私自身が1ファンであることを忘れないため、スタジアムには足を運ぶようにしています。1観客になること。アスリートの皆様は、日本の文化づくりの大事なピースを担ってくれている大切な宝です。その方々が日頃どんなステージで活躍しているのかを忘れず、私たちも危機感をもって、初心を忘れずに毎日が勝負と思ってサポートしています。

そして、文化を絶やさないためにも、アスリートの方々のセカンドキャリアサポートを訴え、日本プロ野球OBクラブの特別賛助会員として活動しております。何かあったら絵梨ちゃん、と頼ってきてくれるアスリートの方々が、何かあったらメリックス、と言ってもらえるように、多くの同志を巻き込み、強力なチーム創りを目指しています。

プロフィール

大髙絵梨

メリックス株式会社代表取締役社長。米国大学卒業後、監査法人、外資系金融機関を経て2015年に同社に入社。2018年4月、3代目代表取締役に就任。米国公認会計士・AFPの資格を持つ。

企業概要

会社名
メリックス株式会社

本社所在地
東京都千代田区神田司町2-7-2
ミレーネ神田PREX8階

業務内容
給食受託業務（企業、病院、福祉施設、学校、保育園等）、社員寮・研修所・保養施設等の管理・運営、スポーツ栄養・アスリートマネジメント、レストラン経営

㈱LEOC 公認スポーツ栄養士 石田美奈津さんインタビュー

食環境の整備と栄養教育の両輪でチームと選手をサポート

栄養サポートのゴールは、選手が状況に応じて食べ方を選択できるよう指導すること

　㈱LEOCは、プロサッカー選手三浦和良選手が所属するJリーグ横浜FCへの食事提供でも有名な給食企業である。日頃から、どのような食事提供と栄養指導を通じて、アスリートをサポートしているのか。スポーツ栄養事業企画部の公認スポーツ栄養士、石田美奈津さんに話を聞いた。

「食環境の整備」と「栄養教育」

―現在の仕事内容について教えてください。

　プロチームにて栄養サポート業務を行っています。業務は主に2つあります。1つ目は「食環境の整備」です。試合にベストコンディションで望めるよう、宿泊先や球場での食事内容を事前にチェックし、ホテルやケータリング業者の担当者と打ち合わせを行っています。チームスケジュールだけでなく、季節や選手の好みなども考慮し、メニュー提案も含めた調整を行っています。また、キャンプや遠征に帯同し、トレーニング目的を達成できるよう、提供されている食事の内容や、選手の喫食状況を確認しています。

　2つめは、「栄養教育」です。栄養講習会の実施、掲示物・配布資料などでの情報提供を定期的に行っています。また、個別栄養相談という形の栄養教育も行っています。栄養教育は、チームスタッフと連携して行うのはもちろんですが、寮で生活している選手への指導は、寮での食事提供を担当している管理栄養士との協力も欠かせません。このチームの場合は、選手寮の食事提供も当社で行っているので、そのあたりは非常にスムーズに出来ています。

チームで取り組む栄養補給計画

―選手寮の食事提供には関わっていますか？

公認スポーツ栄養士の資格取得を機にプロチームの栄養サポート担当となった石田さん

　日々の食事の献立作成は、寮担当の管理栄養士に任せています。ただ、アスリートへの食事提供は、年齢、性別、競技種目、ポジションに加え、練習期、試合期、オフ期などトレーニング計画への考慮が必要なので、栄養補給計画の立案時には、チームスタッフと三者で話し合いをします。食事内容は「主食・主菜・副菜・乳製品・果物を揃えること」が基本ですが、現在サポートしているスポーツチームでは、試合前は糖質とたんぱく質を中心とした食事に、試合後はビタミン・ミネラル類がしっかり補えるような食事にしています。寮での食事提供にかかる管理栄養士の作業は少なくないので、私が、選手から直接得た情報やチームスタッフからの情報を共有するようにして、献立に反映してもらうようにしています。

チームと選手それぞれに栄養教育、家族にも

―栄養教育について、もう少し詳しく教えてください。

チーム全体への栄養教育は、「水分補給」「試合期の食事」「疲労回復」など、チームの課題に沿ったテーマで講習会を実施したり、講習会で得た知識を使えるようにするための情報を提供、例えば、料理や食材の栄養学的特徴を掲示したり、食べて欲しい食材を使った料理レシピを配布するなどしています。また、これは選手本人だけでなく、食事作りを担当されているご家族や保護者に向けても行います。もちろん弊社の調理スタッフにも同じことを理解してもらう必要があるので、実施した講習会の内容、配布した資料などは共有しています。

選手個人へのサポートは、身体づくりの目

選手への個別サポートとして栄養教育に取り組む石田さん

標を決め、期間を決め、コンディショニングコーチなどチームで選手の情報を共有しながら進めています。食事の環境を整え、現場に応じた食事提供を行うことは必要ですが、最終的な栄養サポートのゴールは、選手が状況に応じて「いつ、何を、どのぐらい食べればよいのか」選択できるようになることだと考えています。

LEOCは食事提供に留まらないチームの一員として栄養サポートを行う理由は？

スポーツチームが選手の栄養管理を考え、栄養バランスの整った食事の提供を委託するパターンは多い。しかし、それだけでは強くならないとLEOCの公認スポーツ栄養士、関根豊子さんは言う。その理由を聞いた。

弊社では、スポーツチームからのご相談に、食環境整備から個々への栄養教育までを含めた"栄養サポート"を提案しています。理由は2つ。1つは、食事は自由行動だからです。どんなに食環境を整えても、利用の有無は選手が決めます。栄養教育がなされなければ、摂るべき栄養を摂らず、食べたいものを食べるでしょう。2つめは、体力やスキルの向上のために、トレーニングが個別のメニューになるのであれば、必要な栄養も個々で変わると考えられるからです。「何をどれくらい食べるか？」はもちろん、「いつ、どのように食べるか？」は選手の嗜好や置かれた状況に合わせて知識を共有し、行動にうつせるアドバイスが必要です。給食会社だから・・・と食事提供で留まっていたら、選手・チームを強くすることは出来ないのです。

とはいえ、栄養サポートは決して簡単なことではありません。そこで弊社では、栄養サポートに必要な知識やスキルの向上を目指し、公認スポーツ栄養士を中心としたスポーツ栄養アカデミーを設立しました。スポーツチームからのご依頼には、チームの一員として競技力向上を目指し、このアカデミーメンバーが担当させていただいています。

LEOCスポーツ栄養アカデミーメンバー（一部）
適切な栄養サポートを行うための自己研鑽、スキルアップを目的に社内外の研修にも積極的に参加している。

（公社）日本給食サービス協会紹介
公益社団法人としての各種事業に取り組み着実に前進していく

社員食堂や学校給食など食事サービスを行う給食受託事業者の多くが加盟する全国組織が公益社団法人日本給食サービス協会だ。

同協会の公益目的3事業は、「消費者への情報提供」「保健衛生等の普及、啓発等」「人材育成等」に関する事業として、資格認定事業などを着実に実施している。

西剛平会長

その目玉の1つが、全国の小学生高学年を対象にした給食に関する「心に残る給食の思い出」作文コンクールだ。第5回目となる前年度には、過去最多となる2,841作品の応募があり、その中から文部科学大臣賞1点、農林水産大臣賞1点など計10点の受賞作品を選び、その表彰式を盛大に行うなど、多くの会員の協力関係の下、事業は着実に広がっている。

また、協会産学連携委員会は、日本給食経営管理学会との共同研究による「給食施設における栄養情報ガイド（2017年）」を17年5月に発刊した。そして、これまで厚生労働省が推進している「健康な食事・食環境」の認証制度（通称「スマートミール」）への参画にも重点事項として取り組んできたことから、18年4月から登録申請の受付を開始して正式に認証制度もスタートしている。

こうしたことを背景に、18年度の主な事業計画として、具体的に取り組んでいる各種事業を紹介しよう。

2018年度の事業計画

(1) 協会の公益目的3事業を着実に推進し、国民の食生活の健全なる向上に貢献する。
　①食の安全・安心、健康等について、正確・適正な情報を消費者に提供する。
　②食中毒予防対策等の保健衛生の普及、啓発、相談事業を行う。
　③給食サービス従事者の人材育成の実施。

(2) 学校給食受託業務代行保証事業の実施
　学校給食受託業務が不測の事態により遂行が困難になった場合に、協会が業務を代行保証し、学校給食の万全を期していく。

(3)「心に残る給食の思い出」作文コンクールの実施
　明日の日本を担う小学校4年生～6年生の児童を対象に、給食を通して食と食事習慣の大切さ、作り手の生産者への感謝の気持ちを自分の言葉で作文にまとめることで子ども達の豊かな人間性を築く機会となり、また学校給食内容の維持・向上に資することを目的に取り組む。

(4) 産学連携による取組み
　協会産学連携委員会と日本給食経営管理学会との共同研究により、給食の新しい価値のアピールに関する活動を行っていくこととし、特に検討してきた「健康な食事・食環境」認証制度（通称：スマートミール）が18年4月からスタートしている。この制度の普及推進を図る方策について更に検討をしていく。

こうした各種事業の取り組みにより、給食を通じて広く「国民の食生活と健康の増進」に寄与することを目指し、給食業界の公益社団法人として今後も各種事業に力強く取り組んでいる。将来的にも期待のできる団体だ。

今回は、その中から特に社会的貢献度の高い意義ある「作文コンクール」について簡単にまとめた。

前回の作文コンクールで表彰を受けた児童・保護者と協会関係者

（公社）日本給食サービス協会の公益事業、「心に残る給食の思い出」作文コンクール
受賞作品の中には、「ワールドカップ給食」の感動を謳うものも

　全国の給食サービス事業者が集まる（公社）日本給食サービス協会が行う公益事業に、「心に残る給食の思い出」作文コンクールがある。これは、明日の日本を担う小学生4～6年生の児童を対象に、給食を通して食と食事習慣の大切さ、作り手や生産者への感謝の気持ち等を自分の言葉で作文にまとめてもらうことにより、子どもたちの豊かな人間性を築く機会とし、また、学校給食の内容の維持・向上を目指すものだ。

　平成30年度で第6回目を数える。第5回は過去最多となる2,841作品の応募を集め、協会はさらに応募数増を図るなど事業の発展に努めている。応募作品は毎年、10作品あまりの優秀な作品を表彰するが、どの作品も児童の給食が大好きな気持ちでいっぱいだ。学校栄養士・調理師との心の交流を描いた作品や、卸業者・生産者への感謝の気持ちを綴った作品、また日本の食文化や食品ロスについて書かれた作品、家族の方に今日食べた給食について話す温かい作品などさまざま。毎日の給食の時間をイキイキと表現しており、学校給食関係者が給食に取り組む大きな励みになるものである。

　学校給食では、話題のスポーツイベントと関連付けたメニューが提供されることもある。次ページに紹介しているのは、第二回コンクールで農林水産省食料産業局長賞を受賞した作品である。ブラジルワールドカップ後に提供された、ワールドカップ給食の感動が素直に表現されている。ぜひご覧いただきたい。また、協会のホームページでは他の受賞作品も読むことができるので、ぜひチェックいただき、給食を楽しむ児童の姿を思う存分楽しんで欲しい。

第二回、「心に残る給食の思い出」作文コンクール

農林水産省 食料産業局長賞 受賞作品

『心に残ったワールドカップ給食』

埼玉県新座市立陣屋小学校 四年一組 男子 佐藤 滉樹

ぼくは、サッカーが大好きです。五才の時からずっとサッカーを続けています。

六月にブラジルで開さいされたワールドカップは、世界中のスーパープレーヤー達の真けん勝負とすごいわざの連続です。ぼくは、時差に負けないで朝五時に目覚し時計に起こしてもらいワクワクする毎日でした。

その時に給食だよりでワールドカップ給食が出るということを知りました。メニューは、開さい地ブラジル料理のフィジョアーダ、ナッツライス、コーヒーゼリーです。

ぼくは、すごく楽しみでむねがドキドキしました。なぜなら、ぼくが大好きなブラジル代表せん手のネイマールやダビドルイスが食べている料理をぼくも食べることができるなんて、夢みたいだと思ったからです。そして、その給食を食べたらきっと今よりサッカーが上手になると思えてきてうれしくなりました。

ついに、その日が来ました。

ぼくは、四時間目にいつもふんわり伝わってくる給食のにおいにたまらなくなりました。給食の時間、ぼくのお皿の上にはトマト色のスープの中にたくさんのお豆が入っているフィジョアーダ。

こん立表の材料に豆と書いてあったのはこれなんだ！とぼくはホッとしました。なぜならブラジルはコーヒーがゆう名なのでコーヒー豆がにがいスープだったらどうしようかと少し不安だったからです。しかし、お肉、じゃがいも、お豆、ナスがトマトのあまみでとてもおいしかったのでぼくは、おかわりをしました。

ナッツライスは、ごはんとナッツをまぜて食べるなんて日本にはないので、おそるおそるひと口食べてぼくは目がまんまるになりました。ナッツとごはんをかめばかむほどしっとりサクサクしていてとってもおいしかったです。

日本代表は、ワールドカップ一次リーグで負けてしまったけれど、サッカー王国ブラジルの食事を給食で食べることができてぼくのわすれられない思い出になりました。

いつもおいしくて気持ちのこもった給食を毎日ぼくたちのために考えてくれている栄養士さん、調理師さん、いつも本当にありがとうございます。

ぼくは一年生から給食を残したことがないので、これからも感しゃの気持ちをピカピカのお皿で伝えていきたいと思います。

株式会社 魚国総本社

uniserv

おいしいをもっと。すこやかをずっと。
Design food for your life

事業内容

■ビジネスダイニング
　社員食堂の運営
　社員寮、研修所等での食事提供

■メディカル＆ウェルフェア
　病院食、老人福祉食の提供
　介護施設等での食事提供

■スクールダイニング
　学生食堂の運営
　学校給食の運営

■レストラン＆カフェ
　料亭大乃や、IL PIATTO、
　Caffe Lucaの展開

お米丸とゆかいな仲間たち

〒555-0011　大阪市西淀川区竹島4-1-28
TEL.06(6478)5700
http://www.uokuni-s.co.jp/

おいしい学校給食のお手伝い！
☆ 安全・安心 ☆

学校給食用食品メーカー協会

　学校給食用食品メーカー協会は、学校給食のうち「おかず」の部門を分担する加工食品の製造メーカーの団体ですが、昭和50年の発足以来、学校給食が次代の日本を背負う子どもたちを育てるものであるとの認識のもとに、常に自社ブランド品に対して、十分な責任と誇りを持って当たっています。

　今後さらに、安全で、楽しくおいしい学校給食の質的向上に、責任を持って尽力してまいります。

ホームページがリニューアル致しました！

スマホ対応になりました

メニュー・商品情報随時更新中！

メーカー協会　検索

会員一覧　（五十音順）

㈱アサダ	カセイ食品㈱	スズヒロシーフーズ㈱	日清オイリオグループ㈱	㈱マルハチ村松
味の素㈱	キッコーマン食品㈱	㈱大冷	日清フーズ㈱	マルハニチロ㈱
伊那食品工業㈱	キユーピー㈱	宝酒造㈱	日東ベスト㈱	丸和油脂㈱
エスビー食品㈱	ケンコーマヨネーズ㈱	テーオー食品㈱	日本水産㈱	三島食品㈱
エム・シーシー食品㈱	㈱J-オイルミルズ	テーブルマーク㈱	日本製粉㈱	㈱Mizkan
MCフードスペシャリティーズ㈱	㈱ジェーシー・コムサ	天狗缶詰㈱	ハウス食品㈱	㈱ヤヨイサンフーズ
大島食品工業㈱	㈱スギヨ	堂本食品㈱	不二製油㈱	理研ビタミン㈱
カゴメ㈱	すぐる食品㈱	㈱ニチレイフーズ	㈱宝幸	六甲バター㈱

【事務局】〒105-0003 東京都港区西新橋2-1-1
キッコーマン食品㈱　業務用営業本部内　TEL:03-5521-5259
ホームページ：http://www.maker-kyokai.jp/

（公社）集団給食協会　会員企業

シダックスフードサービス㈱と㈱LEOCによる
スポーツ栄養の様々な取組み

　給食企業の多くが加盟する東京都の（公社）集団給食協会は毎年、「我社の栄養士活動」をテーマに栄養士体験発表会を開催している。これは、給食現場で起こる諸問題に対して、会員企業各社が改善・工夫したことを発表するもので、毎回会場を埋め尽くす多くの来場者を集めている。
　その中から、スポーツ栄養に関する2015年に開催された会員企業2社による発表概要を紹介する。

シダックスフードサービス㈱のスポーツ栄養部会の活動について

シダックスフードサービス株式会社[※1]
松本 恵美子さん、佐藤 尚子さん

　当社のスポーツ栄養部会の活動を紹介します。当社では、支店や事業所ごとの栄養士活動とは別に、自分の興味があるテーマごとに部会活動を行うことができます。
　スポーツ栄養部会には、アスリート寮や社員食堂、福祉施設、病院、幼稚園、保育園などに配属している、スポーツ栄養に興味がある栄養士・管理栄養士が約40名在籍しています。[※2]

松本 恵美子さん（左）と佐藤 尚子さん

　同部会の目的は4つ。まずスポーツ栄養に興味を持っている栄養士・管理栄養士の個々のスキルアップです。入社したての頃は、スポーツ栄養に興味があっても、何をすれば良

いか分からない方が多く、また仕事をしながら勉強に時間を割くことは至難の業であり、1人だとくじけてしまうことが多々ありますが、部会メンバーと一緒に勉強し、励まし合い、ライバルとなることで高め合ってスキルアップすることができます。

次に、栄養士同士の情報交換の場であることが挙げられます。スポーツ栄養に関する様々な情報を入手することは時間的に困難なことが多く、部会のネットワークを用い、セミナーや勉強会のお知らせ、スポーツ栄養に関する新しい情報などをお互いに発信し合い、情報交換を行っています。

それから、受託先の選手への競技力向上のためのサポートです。選手の皆様に個々の力を最大限発揮していただきたくために、競技特性に見合った献立作成や栄養セミナーの実施などを営業店の店長や栄養士と考え、選手をサポートしています。

さいごに、情報集約と発信による顧客サービスの向上が挙げられます。それぞれが持っている情報をメーリングリストにあげることで、部会員が皆同じ情報を入手し、実践することができます。アスリート現場でなくても、部会員がお客様にアドバイスすることができるなど、お客様に対するサービスの向上を図ることができます。

これまでの活動実績には「食べて強くなる献立とおかず」の出版や、競泳ジュニアチームに向けた栄養セミナー、スポーツコラムの執筆などがあります。

最近の活動実績としては、2010年に「スポーツ栄養メモ」を全国の営業店に展開しました。これは部会活動の中で最も長く継続しているもので、以前より全社共通の卓上メモはありましたが、アスリートのいる営業店には、スポーツ栄養に特化したメモを置きたいという想いから作成し、年々、ブラッシュアップを重ねています。スポーツ栄養メモはまず、部会の中でテーマを考え、そのテーマをどの順に選手に配信していくべきかを検討します。季節的なものや、選手の状態に沿って

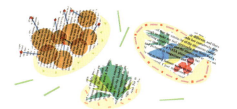

順番を決めます。テーマ決定後、作成希望者を募り、限られたスペースに伝えたいことを簡潔に凝縮し、読みやすく工夫します。

また、当社が運営するレシピサイト　ソラレピⓇにレシピを出品しています。同サイトには「アスリート」「キッズ食育」「美容」「からだケア」の4カテゴリーがあります。「アスリート」のカテゴリーは、筋力強化、貧血予防、減量、疲労回復、食欲増進、試合前、けがの予防・回復に分かれており、それぞれ基準値を設けています。管理栄養士はそれぞれの基準に合ったレシピを出品し、作成者のコメントとともにサイトにアップします。2015年9月末時点の登録レシピ数は506点で、一般の方も見ることができます。実際に、選手の奥様へ教育を行う際の資料にしたり、現場で給食用にアレンジして提供しています。レシピは季節の食材や行事食を含め、毎月更新されます。他の部会員のレシピを参考に、現場の献立作成の幅を広げることもできます。その他、公認スポーツ栄養士の試験対策勉強会なども実施しています。

※1　現在の所属は、シダックスコントラクトフードサービス株式会社。
※2　スポーツ栄養部会は、2018年9月末時点で73名。

ジュニアアスリートへのスポーツ栄養イベント開催について

株式会社 LEOC　関根 豊子さん

2020年に向けて、スポーツへの気運が高まる中、スポーツ栄養への関心も高まりつつあります。アスリートが日々、トレーニングや試合でベストパフォーマンスを発揮するために

関根豊子さん

は、基礎体力が重要です。その維持・管理にはやはり食生活が鍵になります。特に、ジュニアアスリートにおいては健全な成長と将来の健康のために、栄養とスポーツ栄養への知識が求められています。

　そこでラグビー大会に出場する選手とその保護者を対象に、スポーツ栄養の知識を得ていただき、その一助となるようスポーツ栄養イベントを開催したのでご報告いたします。

　トップリーグに所属しているラグビーチームが毎年主催している、地域のジュニアラグビーチームを対象とした学年別のトーナメント大会にてイベントを実施しました。大会の参加者は小学生800名で、コーチ・保護者などを含めると1400名が来場します。単一競技の大会で、対象が小学生限定でテーマが決めやすいことや、集客の規模からより大勢の方にスポーツ栄養の情報を提供できる機会であると考え、実施を決定しました。

　2014年の主な実施内容は、ジュニアラグビー選手が主人公である『スポーツ栄養紙芝居』の上演です。紙芝居は当社オリジナルで、内容は低学年向けのものでした。食品を3色食品群別法で分け、それぞれの食品群別の働きかけを、ラグビーの運動特性に沿ってお伝えしました。また、好き嫌いや欠食をしないことがラグビーをする上でどのように役立つかも含んだ内容にしました。上演時間は約15分。1日で5回上演を行い、述べ60名の選手と保護者にご覧いただきました。紙芝居の途中では、より内容を覚えてもらえるよう参加型にし、話の中で出てくる食材のカードを実際に色分けしてもらう場面も作りました。

　紙芝居だけでなく、スポーツをする子どもの食事の考え方や栄養情報の提供や、個別栄養相談コーナーの設置、チームに提供している人気のアスリートメニューに栄養情報を付けて販売しました。イベントを終えて、企画立案・実施スタッフからは、「低学年向けの内容としては適切だったが、高学年向けには

公益社団法人 日本メディカル給食協会

会　　長　山　本　裕　康

副会長 平井英司	副会長 落合　順	副会長 岩崎史嗣
副会長 山口昭文	副会長 田村　隆	副会長 中村勝彦
専務理事 千田隆夫	相談役・理事 吉田憲史	

〒101-0044 東京都千代田区鍛冶町1丁目6番17号 フォルテ神田5階
TEL03-5298-4161　FAX03-5298-4162　URL http://www.j-mk.or.jp

全国給食事業協同組合連合会

会　　長　秋　元　直　人

〒101-0047　東京都千代田区内神田3丁目21番6号　村越ビル5階
☎ 03(3256)9966　FAX 03(3256)5571

別のプログラムが必要」「もっと参加者を増やし、実施回数を増やせるプログラムを検討したい」「もっと保護者を巻き込むためのアプローチ方法を検討したい」という意見などが挙がりました。

　これらの反省点を受け、2015年は『○×クイズラリー』と『アスリート6揃え』の2つのプログラムを実施することにしました。（アスリート6とは、アスリートに毎食食べて欲しい、主食、主菜、副菜、汁物、牛乳、乳製品の6つを示す当社の造語。）

　『○×クイズラリー』は主に低学年を対象としたプログラムで、クイズは5問・○×式。低学年のうちに身につけたい食習慣を中心としたクイズにしました。グラウンドの周りにクイズを書いたパネルを設置し、周りながら回答してもらいます。回答後は拠点にて、管理栄養士が解説しながら採点をしました。『アスリート6揃え』は日本体育協会（現、日本スポーツ協会）が小学生を対象にしたスポーツ食育プログラム開発に関する調査・研究で作成された「スポーツ食育ランチョンマット」と、「そのまんまお料理カード」を用い、スポーツをする子どもの食事の揃え方を学ぶゲームにしました。それらのプログラムとともに、14年度同様、栄養情報の提供や個別栄養相談コーナーの設置なども行いました。

　その結果、『○×クイズラリー』『アスリート6揃えゲーム』ともに100名を超える子どもたちに参加していただき、保護者の方を含め好評を獲得しました。

　今後は、①プログラム詳細のブラッシュアップ、②保護者を巻き込むプログラムの検討、③参加者の理解度や日常の食生活への影響度への検討、④対象者に合った栄養指導スキルの向上──などを課題とし、改善に取り組みたいと考えています。

特集 **IV**

関連する食事提供者に
おすすめの厨房機器

温度の自動記録と一元管理でHACCP対応
総合厨房管理システム「HASAWAY（ハサウェイ）」はHACCP制度化に有効で人手不足や効率化に最適!

タニコー㈱

ハサウェイを中心にした展示会風景

記録や帳票管理の対応も楽々把握

総合厨房メーカーのタニコー㈱は2018年秋開催の「フードシステムソリューション」（東京ビッグサイト）において、大きく展示小間を設け、その中でスチコンやアクアガスオーブンなどの最新機器と共に、総合厨房管理システム「ハサウェイ」を紹介展示した。

厨房保守と省力化を実現する、総合厨房管理システム「HASAWAY（ハサウェイ）」

これは、一般衛生管理やHACCPにおいて必要な温度記録を自動で一元管理するシステムで、調理レシピから温度管理が必要な力所の指示書を作成できるもので、万が一、規定温度外の温度が測定された場合には管理画面でただちに自動警告する機能まで持つ超近代的で画期的なシステムだ。

このシステムは、測定した厨房室内の温湿度はもちろん、調理工程内の温度データから直接日報や月報を自動作成できるため、記録や帳票作成の手間を著しく効率化できる。

同社開発本部の和中清人氏は「HACCPの制度化により、学校・病院・施設など給食現場は、記録・帳票管理の対応に追われて大変なのが現状。それらの課題を一括して管理できるシステムを提案し、現場をサポートしたい」と、開発の根底にあるニーズを説明する。

なお、同システムには、このような多機能に加えて、更に他社にはない優れた機能がある。それが厨房機器の「稼働管理」である。これは、各機器の運転状況（稼働中の運転モード）を表示ができ、機器の運転時間や、定期交換部品の経過時間等まで管理して、事前に効率的なメンテナンス計画まで立てることができるという優れものだ。

もう1度3つに分けてまとめてみよう。

【温度の自動記録と一元管理】
◎一般衛生管理及びHACCPにおいて必要な温度管理を一元管理する。

機器の状態も同時に管理でき、異常が有れば自動警告される

◎調理レシピより、温度管理が必要な力所の指示書を作成する。
◎規定温度外の温度が測定された場合には、管理画面で自動警告する。

【帳票の自動作成】
◎測定した厨房室内の温湿度や調理工程内の温度データから日報、月報を自動作成する。

【厨房機器の稼働管理】
◎厨房機器の運転状況（稼働中の運転モード）を表示できる。
◎厨房機器に異常が発生した場合は警告が表示され、メーカーへメールで連絡のできる機能を持つ。
◎厨房機器の運転時間、定期交換部品の経過時間を管理し、事前に効率的なメンテナンス計画を立てることができる。

HACCP制度化等で機が熟した

総合厨房管理システム「ハサウェイ」は、2019年4月より実質的にスタートする計画と

いう。はじめは特定の大規模施設の顧客に対してモニタースタートして、改善要項をブラッシュアップして本格販売をする予定だ。

「ハサウェイ」開発のきっかけは、昔からこうした考え方や製品はあったものの市場の環境が整っていなかった。例えば、昔は手書きが当たり前で、システムを勧めても理解、浸透がスムーズに行かなかったことが背景にある。

和中氏は「その時には、費用をかけてまでやる状況にはなかった。しかし今やHACCPの制度化、五輪に向けて食の改善、働き方改革など機が熟したため、その流れに合わせてシステム開発が進行した」と説明する。

同社はまた多くの機器を製造していることから、これらをつなぐことで、どのように稼働しているかを調べることもでき、機器が壊れる前に定期補修するという新しいサービスにもつなげられるという相乗効果もあるという。

和中氏はこうも捕捉説明する。

「せっかく優秀な機器を設置しても、あまり使わなかったり逆に使いすぎたり、このシステムを取り入れることで上手い使い方の提案もできるし、また少しのモードしか使っていないことを指摘し、効率よくスムーズな使い方を様々にアドバイスすることもできる」

単なる温度管理やHACCPに対して一歩進んだものができる。人手が少なくて済み、人手不足の解消にもつながるという訳だ。

「営業的にも、実際のデータを見ながら話をスムーズにお客様に理解していただくことができる。例えば、このデータから考えると同じ機器が2台は必要などと助言もできる。合理化しようとしても、どう合理化すればよいか分からない場合には、分析して機器がどういう状況か、具体的な使われ方から説得のある話もできる。その満足度を上げるために分析し、本来の使い方をしているのか、担当者と施工した人と考えが違うので、その裏付けの証拠にもなる」と前向きな進展が常に望めるという。

お客様のメリット優先で開発したシステム

更にまた省力化に大きく役立つ割には「ハサウェイ」に対する導入コストは、他社に比べてかなり低いというのだ。

「このソフト自体は基本的にお客様のメリットになればと願って開発したもの。結果的に、このソフトを使っていただくことで我々に還元できれば御の字という考えがある」と買い手には嬉しい発想に驚く。

「手書きが不用で、何か機器に問題が起きたらすぐにデータが出てくる。将来的には、献立をつくるソフト、カロリー計算、ハサウェイのシステムの中にソフトも組み込んでいきたい。お客様にとっては使いやすく、重複作業もなくなるので、同じことを打ち込む必要もなくなる」

他社とはそもそもシステムの導入部から違うという。献立から入る最終的な統合と、献立をベースに動かし、指示書も自動的に出すわけだが、簡素化で簡単に操作もできる――と良いことずくめだ。

「全ての機器が、ハサウェイで管理することが可能である。可動状況や定期交換部品を管理すればお客様の効率化へ向けての情報にも役立ち、決められた時間に料理を大量提供する日常の作業に対して故障による提供できなくなるリスクは大きく激減する。また機器を入れ替える計画も立てやすくなる」つまり計画的に設備投資ができることになる。

「厨房の営業というのは、やはりどうしてもピーク時間だけ見て判断し、経験で機器を勧めていたところがあった。このシステムを使えばデータを提示できる」と胸を張る。

大量施設は、安全に大量供給することが使命である。HACCPが制度化され、2年後にはHACCP施行をしなければならなくなる。今のうちから、この状況を給食施設に関わる関係者は認識しないと大変なことになる。それらを背景に、同システムを検討していくことは一つの選択肢になるのではないか。今後に注目していきたい。

ハサウェイの管理画面

ニチワ電機㈱のスチコンなら運動好きな方々にもフィットするやさしく美味しいメニューを提供

ニチワ電機㈱は2018年秋開催「フードシステムソリューション」（東京ビッグサイト）で、料理を冷蔵から自動再加熱する「スチコン式再加熱カート」と「リヒートウォーマーキャビネット」を出展し、ニュークックチルシステム導入による食事サービスの向上と運営の効率化を提案して好評を博した。

同社西耕平常務は「前日に盛り付けて冷蔵機能にし、配膳の1時間前に自動で再加熱する。従来、再加熱カートの多くは熱風しかなかったが、熱風だけでは食材は乾きやすくなる。スチコンと同じ加熱方式を行うことで、温かい状態で、ふっくらと柔らかく提供することができる。USBも入れられ、データ管理もできるのでパソコンにデータとして記録でき、栄養士の手間も省ける。更に自動補正機能も付き、人手不足には実に最適な機器」と自信作を披露した。

吉永和美管理栄養士

同社は最も早くスチコンを手掛けた機器メーカーで、調理を科学し続けるのは過去30年間にスチコンで学んだものを凝縮しているから。加熱調理における4つの温度帯（調理法ごとの火加減を4段階の温度帯に区分）に合わせ、調理法別の温度設定と調理ポイントを明快に整理し調理のコツや調理法別のメリットもまとめた。これを基に2017年12月、『ニチワ電機の「スチームコンベクションオーブン」でつくるやさしく美味しいレシピ集』として発刊（2,500円＋税）し、すでに幅広い業界で活用されている。

さて、運動好きやアスリートにとって、食事の内容は最大の関心事だが、厨房で働く環境が人手不足や働き方改革の時代となり、単に栄養や美味しさだけでは最適なメニューとは呼べなくなった。その点を踏まえ、今回は東京支店コンサルティング部の吉永和美管理栄養士室長に、同社が満を持してスチコン用に献立したレシピ3点を提案していただいた。

たっぷり野菜の蒸し豚しゃぶ　蒸し物（温）／野菜類

【1バッチ　8人分】1／1穴あきホテルパン

材料	1バッチ
豚肉（しゃぶしゃぶ用）	300g
もやし	640g
白菜（1cm幅）	640g
長ねぎ（斜めスライス）	240g
水菜（3cm幅）	160g
人参（千切り）	50g
【付けダレ】	
ポン酢	
ごまダレ	
ラー油	
青葱	

栄養素	
エネルギー	197Kcal
たんぱく質	7.5g
脂質	15.2g

原価（1食あたり）	
原材料費	117.6円
人件費	35.9円
光熱費	2.8円

スチーム
温度 98℃
時間 7分
加湿 —
ファン 4

1. 材料を準備する
2. 全ての野菜をボールに混ぜ合わせる
3. 穴あきホテルパンに2の野菜を8等分にセットし、その上に豚肉を並べる
4. ≪加熱前≫
5. 立ち上げたスチコンで4を加熱する
6. ブザーが鳴ったら取り出す
≪完成≫　器に盛付け、お好みの薬味やタレを添えて提供する

Point
予め人数分をわけてセットする事により、盛り付けが行いやすくなり見栄えも良くなります。セットの際、野菜は山のように高く盛り付ける事がポイントです。

巣籠り玉子

炒め物／卵・野菜類

【1バッチ　8人分】1/1ホテルパン

材料	1バッチ	栄養素	
キャベツ（太め千切り）	1120g	エネルギー	206kcal
人参（千切り）	130g	たんぱく質	9.7g
ベーコン（細切り）	100g	脂質	15.2g
【調味料】			
サラダ油	40g	原価（1食あたり）	
塩	12g	原材料費	59.2円
胡椒	1g	人件費	41.4円
卵	8個	光熱費	2.0円

加湿オーブン
温度 160℃
時間 5分
加湿 90
ファン 1

Point
取り出してから混ぜる事ができないので、卵を入れる前に、調味料と野菜を良く混ぜます。上記モードは黄身が半熟状態に仕上がります。お好みの固さになるよう、加熱時間を調整して下さい

1. 材料を準備する
2. ホテルパンにキャベツ、人参、ベーコンをセットする
3. 2のホテルパンに、サラダ油、塩、胡椒を入れる
4. 全体を良く混ぜ合わせる
5. 8等分にくぼみをつくり、割った卵をセットする
6. 加熱前
7. 立ち上げたスチコンで6を加熱する
8. ブザーが鳴ったら取り出す

秋刀魚の蒲焼き

揚物風／魚類

【1バッチ　4人分】1／1焼き皿

材料	1バッチ	栄養素	
秋刀魚（背開き）	4尾	エネルギー	437Kcal
小麦粉	適量	たんぱく質	19.2g
オイルスプレー	適量	脂質	22.7g
【調味料】			
醤油	60g	原価（1食あたり）	
みりん	60g	原材料費	115.5円
砂糖	50g	人件費	55.2円
酒	20g	光熱費	11.8円

加湿オーブン
温度 250℃
時間 6分
加湿 50
ファン 3

Point
揚げ油を使わないのでヘルシーに仕上げる事が出来ます。骨はなるべく取り除いてください。

1. 材料を準備する
2. 背開きにしたサンマに小麦粉をまぶす
3. 焼き皿にオーブンシートを敷きオイルスプレーをし、2の秋刀魚を並べる
4. 3の上からオイルスプレーをかける
5. 立ち上げたスチコンで4を加熱する
6. ブザーが鳴ったら取り出す≪加熱後≫
7. 鍋に【調味料】の材料を入れて煮詰め、タレをつくる
8. 6の秋刀魚をタレに絡めて完成

ガス式間接 ほっとけとーる

名付けて

粥釜として親しまれてきましたガス式間接煮炊釜が**新しくなって再登場**
【旧型式 KGSHの後継機】

余熱でも、じっくり加熱できますので、**ほっといても美味しいお粥ができます。**

スープや味噌汁も冷めにくい、**高い保温力**を保持します。

≪間接油には食品添加物グリセリンを使用していますので、安心です≫

給食設備ご担当者様

はじめまして！調理釜製造メーカーの桐山工業です。
この度、リニューアルしました『ほっとけとーる』をご紹介させて下さい！
その名のとおり、ほっといても安心して調理ができる回転釜です。
内釜が二重構造になってますので、焦げ付きにくく、お好みの温度と火力設定により自動で調理が可能、高い保温力で省エネにもつながります。
是非お近くの販売店様へお問い合わせ下さい。

代表取締役　品川みゆき

KGC-60

おかゆやスープ・カレーやシチューはもちろん・・・他にもいろんなメニューが出来そうね！！

卵とじ丼

カスタードクリーム

煮豆

特徴を生かしたお奨めメニュー紹介

			お粥	スープ	味噌汁	カレー・シチュー	ゆで大豆
星5つ	★★★★★	超得意 保温	お粥 (約90分)	スープ (約60分)	味噌汁 (約60分)	カレー・シチュー (約100分)	ゆで大豆 (約120分)
星4つ	★★★★	得意 コトコト煮	煮豆（金時） (約160分)	煮物 (約90分)	丼の具 (約65分)	牛肉のしぐれ煮 (約90分)	ラーメンスープ (約210分)
星3つ	★★★	ひと手間かけて	カスタードクリーム (約60分)	ホワイトソース (約60分)	ジャム類 (約70分)	水羊羹 (約40分)	キーマカレー (約70分)
星2つ	★★	非常時に活躍	炊飯				

ほっといてできちゃった！

時々様子を見て下さいね

ちょっと混ぜる手間はあるけど、簡単に大量に出来ますよ！

※ 炊飯例　生米5kg　お湯が沸騰してから湯炊き10分、火を消して余熱で蒸らして17分で炊き上がり

 桐山工業株式会社

〒332-0031 埼玉県川口市青木4-16-5
TEL.048-251-2677　FAX.048-252-4766

煮炊釜 KGCシリーズ

KGC-60
KGC-100

標準仕様
- 圧電着火式（電源不要）
- 油温調節機能付（設定温度90℃〜180℃）
- 火力ON-OFF制御
- 油量計付
- 安全弁付
- 立消安全装置付

型式	満水量	外形寸法(mm) 幅	奥行	高さ	釜高さ	参考価格
KGC-60	60ℓ	1240	1030	1465	870	¥1,370,000（税別）
KGC-100	100ℓ	1330	1080	1600	920	¥1,580,000（税別）

お奨め安全・安心機能
- グリセリン量がひと目でわかる**オイルゲージ付き**
- 温度ダイヤル設定で、お好みの温度帯と火力調整が**自由自在にできる**
- 蓋はアルミ製カール式を採用、**水滴が釜縁にこぼれにくい構造**
- 通常時使用時は前回転のみ（90°位）**釜うしろ回転防止ストッパー付きなので、安心作業ができる**
- 外釜上部にツバをつけたことにより、**吹きこぼれや排水時の本体への汚れ防止になる**
- 安全弁（テストレバー付き）**定期的に動作確認ができる**

URL：http://kiriyama-kettle.co.jp/

ひと釜で大量に調理できます

KGC-60 入水量：約45ℓ　**約160食分**※

KGC-100 入水量：約75ℓ　**約260食分**※

※お粥1食あたり約250g

ほっとけとーる Q&A

Q なぜお粥が美味しいのですか?

A お釜の中で蒸気が対流して、うま味を逃さずコトコトじっくりお米を柔らかくします。消火時にも加熱されるので、重湯も粘りが出て甘くなります。

間接油（グリセリン）

Q なぜ冷めにくいのですか?

A グリセリンは一旦高温に加熱されると、高い保温力があります。余熱だけで2時間経過後も80℃以上の温度を保ちます。

保温性能（グリセリン：お粥）

	0分	1時間	2時間	3時間	4時間	5時間	6時間
グリセリン(℃)	165	72	60	52	47	45	42
お粥(℃)	102	85	80	75	68	62	58

※社内テストデータより　※内容量・内容物によって異なります

Q なぜ焦げ付かないのですか?

A 間接加熱の為、全体にムラなく熱が回ります。安心して調理ができ、掃除も簡単です。

Q 省エネになりますか?

A お粥の炊き上がり時間は約90分位ですが、沸騰後弱火にして約15分。あとは火を消し出来上がるまで"ほっとける"ので、省エネです。

Q オプションはありますか?

A 注ぎ口が平らな平カラス口や、具材を入れてスープを取り出すためのざるも用意しています。

災害時用オプション（LPGのみ）
- 移動金具とワンタッチカプラ・ガスホース付
- 電気制御（AC100V仕様）の電磁弁・タッチパネル式

Q 炒め物はできますか?

A 最高設定温度が180℃の為、シャキッと炒めることはむずかしいですが、カレーやシチューの具材を炒めるには問題ありません。
また、間接油を加熱する為、直火より釜の温まる時間がかかりますので、グリセリンが冷めている時は早めの加熱をおすすめします。

特別レポート　グリスト清掃最前線

「くさい」「汚い」「きつい」グリスト清掃の悩みを解決！

約10分で出来る 3ステップ +ONE の清掃術！

※1 都内和風居酒屋(席数/100席、グリーストラップ容量/200ℓ)の例
※2 各ステップ個別商品でもお使いいただけます。

従来30分費やしていたあのきつい作業が約3分の1に短縮！
「時間」「労力」「コスト」を大幅にカットします。

　グリーストラップの汚れを放置しておくと、廃油やヘドロで配管が詰まり、ゴキブリの繁殖や臭いの原因に。漂う悪臭は、働く人のみならずお客様への不満にもつながります。また、下水への油脂の流出は、海や河川の汚染にもつながります。

　このような事態を招かないためにも、旭化成ホームプロダクツ(株)では「グリストネット®」「グリースクリーン」「すくいん棒®」を使った約10分でできる3ステップ清掃と「グリスト清®」のプラスワンで、作業の軽減とコストダウンを提案しています。

「かぶせて、浮かべて、すくうだけ！」の3ステップ

　その作業は、①ゴミをキャッチする「グリストネット®」、②油脂を吸着する「グリースクリーン」、③ヘドロをすくう「すくいん棒®」を使った3ステップです。

　バスケットに溜まったゴミや目に詰まったゴミを取り除くため、時間と労力をかけていませんか？ステップ1の「グリストネット®」ならゴミをしっかりキャッチしてくれるので、作業がラク

ひどい汚れも
↓
スッキリします！

ラク。目詰まりしにくく、伝線しにくいダブルラッセル編みなので水切れ抜群。横に大きく伸びるので設置が簡単、縦には伸びにくいのでゴミで重くなったネットを楽に取り出すことができます。サイズ

ステップ1
グリーストラップ・バスケット用水切りネット
グリストネット®
バスケットに流れてくるゴミをしっかりキャッチ！

ステップ2
グリーストラップ用油吸着シート
グリースクリーン
グリーストラップに溜まった油が、浮かべておくだけでラクラクとれる！

ステップ3
グリーストラップ・清掃道具
すくいん棒®
底に沈んでいるヘドロを隅ずみまでスイスイすくえる！

も4種類あり、多くのバスケットに対応できます。
　続くステップ2は、流れ込んだ油を簡単に除去できる「グリースクリーン」を使用。水を吸わずに油脂類だけを吸着するので、清掃後、浮かべておくだけで油を吸着し、しかもフタ替わりになるため、臭いを抑える効果もあります。あとはシートを定期的に交換するだけなので、とっても簡単です。
　さらにステップ3では「すくいん棒®」が活躍。見づらいグリーストラップの底には、ヘドロがたくさん溜まっています。このヘドロを放置すると、装置内の水流が妨げられ、本来の油水分離の機能を発揮できません。また、溜まったヘドロは悪臭の原因にも。「すくいん棒®」はすくい部が四角形なので、コーナーにピタッと入り、溜まったヘドロを隅々まで取り除くのがポイント。柄が長いので、腰をかがめずに楽に作業できるのもメリットです。

グリスト清掃後にプラスワン
素早く消臭する「グリスト清®」

　グリスト清掃の仕上げには、プラスワンとして「グリスト清®」をスプレーします。グリーストラップの清掃中、清掃後、厨房内や施設に漂う悪臭嫌ですよね。また、翌日まで悪臭が残って不快に感じることはありませんか？ そこで、空間消臭剤「グリスト清®」の出番です。アミノ酸系消臭成分がグリーストラップ由来のさまざまな悪臭をキャッチし素早く無臭化します。悪臭を中和反応で無臭化し、その状態をキープするので、臭い戻りがありません。万が一、食品や食器にかかっても気にせず使えます。トイレや清掃で臭いがついてしまった衣類にも使えます。また、無香料なので、厨房内外でも香りを気にせず使え、施設の強い味方です。液性は中性。使用方法は1㎡あたり2回を目安にスプレーするだけ。「グリスト清®」は臭いが気になる空間を清らかにします。

HACCP導入に向けますます清掃が重要、作業負荷軽減で注目度アップ！

　近年、自治体ではグリーストラップの設置や清掃について細かく指導しており、水質汚濁防止法や下水道法等の遵守を強化しています。また、厚生労働省が導入を取り組むHACCPにおいても、虫を寄せ付けない等の食品衛生管理として、グリーストラップの日常清掃を今まで以上に重要視しています。そこで作業負荷軽減として注目されるのが旭化成ホームプロダクツ(株)の提案する清掃用品シリーズです。現在無料サンプルセットを進呈中です。ぜひこの機会に3ステッププラスワンで、その便利さを実感してみてはいかがでしょうか？

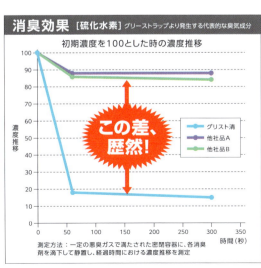

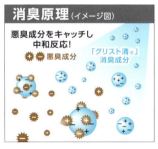

●商品のお問い合わせ先：旭化成ホームプロダクツ株式会社　業務用営業本部
東京：03-6699-3430　　大阪：06-7636-3993　　https://www.asahi-kasei.co.jp/saran

厨房の未来をカタチに

http://www.aiho.co.jp/

作る喜びと
食べる幸せを
アイホーから

フードスライサー	コンビオーブン	立体炊飯器	連続炊飯機	再加熱カート	消毒保管機	食器洗浄機

業務用調理機械・厨房設備機器メーカーのアイホーは、調理機械の研究・開発から設計・製造・販売は元より、施設計画から、厨房設備の設計、機械の設置、試運転、メンテナンスに至るまでお客様をトータルでサポートできる体制を整えております。また、本社内にはアイホー製品を実際に見て、触れて、体感できる常設の展示場やテストキッチンを完備。東京支店内にも再加熱を体感頂けるキッチンを開設して、より良い製品選びにお役立て頂いております。様々な大量調理の現場における美味しくて安全な「食」づくり、調理作業の効率化、安全・衛生的で快適な作業環境の実現など、大量調理でお困りの際には是非、アイホーへご相談ください。

業務用調理機械メーカー

株式会社 AIHO

本社・工場／
〒442-8580 愛知県豊川市白鳥町防入60
TEL0533-88-5111　FAX0533-88-4510

□札　幌　支　店　TEL011-581-6088
□東　京　支　店　TEL03-3994-1411
□盛岡営業所　TEL019-656-5077
□秋田営業所　TEL018-827-4004
□山形営業所　TEL023-615-2214
□栃木営業所　TEL028-688-8705
□埼玉営業所　TEL048-662-5222
□千葉営業所　TEL043-234-1211
□多摩営業所　TEL042-677-5305
□横浜営業所　TEL045-937-2021
□名古屋支店　TEL052-821-9801
□長野営業所　TEL026-213-1010
□豊川営業所　TEL0533-87-7111
□大　阪　支　店　TEL06-6328-1613
□京都営業所　TEL075-681-2841
□神戸営業所　TEL078-821-8516
□岡山営業所　TEL086-242-1050
□四国営業所　TEL0896-23-3780
□九　州　支　店　TEL092-588-2005
□長崎営業所　TEL095-813-9251
□大分営業所　TEL097-513-3378

広告協賛社・団体等索引

【ア】
- ㈱AiHO ……………………………… 206
- 旭化成ホームプロダクツ㈱ ………… 12・204
- 味の素冷凍食品㈱ ……………………… 4
- 一冨士フードサービス㈱ …………… 155
- ㈱伊藤園 ………………………………… 9
- ウオクニ㈱ …………………………… 154
- ㈱魚国総本社 ………………………… 190
- ウルノ商事㈱ ………………………… 10
- ㈱エコー・システム ………………… 14
- エスビー食品㈱ ……………………… 179
- ㈱奥原商事 …………………………… 148

【カ】
- 学校給食用食品メーカー協会 ……… 174・191
- キッコーマン㈱ ……………………… 7
- キッスビー健全食㈱ ………………… 144
- キユーピー㈱ ………………………… 8
- 桐山工業㈱ …………………………… 202
- ㈱グリーンハウス …………………… 146
- ケンコーマヨネーズ㈱ ……………… 151
- 国分グループ本社㈱ ………………… 209
- ㈱コスモ企画 ………………………… 196

【サ】
- ㈱サンユー …………………………… 193
- ㈱SEE THE SUN ……………………… 162
- ㈱J-オイルミルズ …………………… 135
- シマダヤ㈱ …………………………… 171
- ㈱シュガーレディ本社 ……………… 210
- 昭和産業㈱ …………………………… 180
- （一財）製粉振興会 ………………… 142
- 全国給食事業協同組合連合会 ……… 195

【タ】
- 大京食品㈱ …………………………… 11
- ㈱大冷 ………………………………… 163
- タニコー㈱ …………………………… 198・H4
- テーブルマーク㈱ …………………… 150
- 天狗缶詰㈱ …………………………… 178
- ㈱東京天竜 …………………………… 194

【ナ】
- ㈱中西製作所 ………………………… 192
- ㈱日米クック ………………………… 155
- ㈱ニチレイフーズ …………………… 158・164
- ニチワ電機㈱ ………………………… 13・200
- 日清オイリオグループ㈱ …………… 3
- ㈱日清製粉グループ ………………… H2
- 日東ベスト㈱ ………………………… 15
- （公社）日本給食サービス協会 …… 152・188
- （一社）日本給食品連合会 ………… 177
- 日本ゼネラルフード㈱ ……………… 153
- 日本製粉㈱ …………………………… 5
- （公社）日本メディカル給食協会 … 195

【ハ】
- ㈱ハウディ …………………………… 141
- ㈱ピアット …………………………… 145
- 富士産業㈱ …………………………… 194

【マ】
- ㈱増田禎司商店 ……………………… 143
- 三島食品㈱ …………………………… 166
- ㈱みすずコーポレーション ………… 189
- みそ健康づくり委員会 ……………… 172
- ㈱Mizkan Holdings …………………… 6
- ㈱明治 ………………………………… 157
- メーキュー㈱ ………………………… 154
- メリックス㈱ ………………………… 182

【ヤ】
- ヤマサ醤油㈱ ………………………… H3
- 吉原食糧㈱ …………………………… 161

【ラ】
- 理研ビタミン㈱ ……………………… 149
- ㈱レクトン …………………………… 193

―――― 全61社・団体様、ご協賛誠にありがとうございました。 ――――

編集後記

メニューアイディア　2019年版 増刊号
（一社）日本スポーツ栄養協会 協力

アスリートとスポーツ愛好家のためのレシピ

編集人	冨澤和彦
エディター	三浦宏章

協会レシピ監修 ……………… 鈴木志保子
協会レシピ提供
（一社）日本スポーツ栄養協会の会員である22名の公認スポーツ栄養士の皆さん

調理	川野妙子
撮影	佐藤 全

月刊メニューアイディア
2019年版　増刊号

第43巻　第12号　通巻525号
発　行　平成30年　12月10日
定　価　2,000円（税別・送料込）
発行所　株式会社　食品産業新聞社
本　社　東京都台東区東上野2-1-11 サンフィールドビル
　　　　〒110-0015　電話 03（6231）6091（代表）
大阪支局　大阪市北区東天満1-11-15（若杉グランドビル別館）
　　　　〒530-0044　電話 06（6881）6851
印刷所　株式会社　シナノ

　日本スポーツ栄養協会 協力「アスリートとスポーツ愛好家のためのレシピ」は、栄養やおいしさはもちろん、アスリートに食事をとってもらうための工夫が満載です。食欲を増進させるため少し辛味を入れる、薬味を利かせる、ワンプレートで提供する、献立内容を工夫するなど、様々な工夫が施されています。また、アスリートの置かれた状況に応じて料理を選択できる点や、アスリートだけでなく家族も同じ料理を食べられるよう設計されている点が、他のレシピ本にはない特長ですので、たくさんのアスリートやそのご家族に活用されましたら幸いです。

　増刊号発刊にあたり、鈴木志保子先生をはじめ多くの公認スポーツ栄養士の皆様にご協力をいただきました。この場をお借りして御礼を申し上げますとともに、日本スポーツ栄養協会と公認スポーツ栄養士の皆様のさらなるご活躍を祈念申し上げます。
（M）

　「スポーツ栄養」とは、むしろ人を元気にするための栄養学のことで、児童生徒から学生・選手・一般の大人まで運動好きな方々すべてを含めた健康増進のためにあるもの──「日本スポーツ栄養協会」のそうした立ち位置には安心感がある。

　働き方改革が進み残業時間が減り、帰宅が早まってスーパーやコンビニで惣菜等を買う消費構造の変化が起きている。当面、帰宅後のテレビ観戦は増えるが、いつまでも画面に釘付けにはならず、来年はラグビー、そして五輪へと注目が移る中で運動への機運も高まるだろう。居酒屋消費が減る分お金も多少はあり、軽いジョギングから始まって各種スポーツ参戦へと広がっていけば当然、食事や食品にも目が向けられる。

　厳しい環境は続くが消費増税を蹴飛ばすような知恵と努力が必要だ。スポーツ熱の機運に乗ってアスリート食から発信するうねりが食品業界を更に活性化することを期待したい。
（K）

日本漫遊 旅する気分 フリーズドライスープ

日本全国 ゆかりの

47都道府県 ゆかりの味

「tabete ゆかりの」は、日本各地の原料を使用し、郷土で愛されてきたご当地の味をお手軽に味わっていただけるよう、フリーズドライ製法で仕上げたスープです。食卓で懐かしい故郷の味や日本全国を旅する気分をお楽しみください。

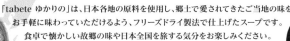

国分グループ本社株式会社　〒103-8241 東京都中央区日本橋1-1-1　http://www.kokubu.co.jp/

安心・美味しさの「その先」へ
Sugarlady

紺綬褒章受章!
～シュガーレディユニセフ基金の活動により～

8月1日(水)東京・品川のユニセフハウスにて、紺綬褒章の褒状授与式が開催されました。
紺綬褒章は、公益のために私財を寄付し、その功績が顕著な個人または法人・団体に、日本国政府より授与されるものです。
ユニセフハウスでは、外務省を経由して内閣府より届いた褒状が佐藤社長に授与されました。

日本ユニセフ協会の早水専務理事と海老原部長とのお話の中で、ユニセフに対する、1991年から長年にわたるシュガーレディの支援に対して感謝の言葉がありました。

東京港区にあるユニセフハウス

株式会社シュガーレディ本社
〒144-0043 東京都大田区羽田4-3-1

シュガーレディお客様センター
0120-010-018
受付時間/9:00～17:00(土・日及び夏期休暇・年末年始を除く)

ホームページアドレス
http://www.sugarlady.co.jp/